KB008644

박순애, 기록, 집

박순애,

조작 간첩 박순애 이야기 듣다가

기록,

나도 이야기한 이야기

집

김혜미 지음

이매진의
시선
時線
12

박순애, 기록, 집

조작 간첩 박순애 이야기 듣다가 나도 이야기한 이야기

초판 1쇄 2022년 1월 20일
지은이 김혜미
펴낸곳 이매진 **펴낸이** 정철수
등록 제313-2003-0183호
주소 서울시 은평구 진관3로 15-45, 1018동 201호
전화 02-3141-1917
팩스 02-3141-0917
이메일 imaginepub@naver.com
블로그 blog.naver.com/imaginepub
인스타그램 @imagine_publish
ISBN 979-11-5531-128-8 (03300)

• 값은 뒤표지에 있습니다.

이 도서는 국가폭력에서 생존한 사람들을 지원하는
시민단체인 '지금여기에'가 기획했습니다.

이 도서는 한국출판문화산업진흥원의
'2021년 출판콘텐츠 창작 지원 사업'의 일환으로
국민체육진흥기금을 지원받아 제작되었습니다.

이야기가 품은 씨앗들

집에 관한 이야기

모든 것이 집을 나오고 나서 시작됐다. 엄마와 나
사이의 갈등이 최대치로 폭발한 뒤 집에서 쫓겨나듯
도망쳤다. 어디를 가도 어색했고, 어느 곳이 내
자리인지 몰라 서성였다. 저 곳이 내 집일까, 저 사람은
나를 반겨줄까. 불안한 생각을 멈춘 적이 없다.
누군가는 내가 지나치게 인정을 바란다며 비웃었다.
존재의 정당함을 잃은 존재는 불안했다.

　　한 사람의 정당함은 존재 자체로 생기지 않는다.
어떤 말들로 그 존재를 설명할 수 있을 때 정당함은
생긴다. 흔히 말하듯 존재를 세울 자리가 없을 때,
단어로 설명할 수 없다는 사형 선고를 받을 때,
자리에서 쫓겨날 때 사람은 비로소 자기를 잃는다.
나는 그 말들을 잃고 살아가는 방법을 학교에서 배우지
못했다. 지혜롭다는 많이 산 사람들에게도 들은 적이

없다. 이름이 있고, 집이 있기 때문이었다.

집 밖으로 나와서 집과 이름을 잃은 때 비로소 집을 생각했다. 이름을 생각했다. 왜 이 고통을 안고 살아야 하는지 계속 생각했다. 나를 설명할 수 있는 말들을 찾아내야 한다고 고집했다. 그렇게 조작 간첩이라는 이름으로 불린 박순애를 찾아냈다. 박순애를 기다리다 지쳐 박순애를 찾아갔다.

이야기가 시작되는 신호탄이었다. 이야기의 끝을 몰라서 두려웠다. 집과 이름을 다시 얻어 돌아가는 결말인지, 잃은 채로 계속 사는 결말인지, 새로운 이름과 집을 구하는 결말인지 알 수 없었다.

박순애에 관한 이야기

'박순애를 만나서 집과 이름을 말하게 된 나'라는 말을 하기가 이토록 어려운 줄 몰랐다. 집을 나온 나를 끊임없이 생각하는 만큼 힘들었다. 박순애라는 사람을 만나자 거대한 세계가 왔다. 그 만남을 곱씹고 박순애가 무엇을 말하는지 알아야 내가 박순애에게 뭔가를 물어볼 수 있을 텐데, 그런 순간은 쉬이 오지 않았다.

감히 말하자면, 나는 그 순간을 만났다. 한 번에 오지 않고 차근차근 건너왔다. 내가 박순애를 조작 간첩이 아니라 박순애라는 이름을 가진 한 사람으로 보고 있다는 사실을 깨달은 순간이었다. 이해할 수 없다고 좌절하는 순간은 박순애를 이해하는 시작점이었다. 비로소 고개를 들어 박순애의 주위를 둘러봤고, 박순애는 많은 이름을 가진 한 사람이라는 사실을 알았다.

집과 엄마를 제대로 생각해본 적이 없는 나라는 존재가 보였다. 관계가 어디에서 어긋났는지 돌아본 적이 없었다. 단절 속에서도 관계가 다시 시작될 수 있는데, 왜 집과 이름을 잃고 괴로워했을까. 존재의 정당함을 다른 단어들로, 내가 직접 지은 내 이름으로 설명할 수 있지 않을까.

박순애를 만난 나에 관한 이야기

박순애를 만나고 내 삶은 크게 달라지지 않았다. 생의 의지가 터져버려 삶을 사랑하게 되거나, 엄마를 용서하게 되거나, 원래의 이름과 집이 아닌 무엇으로 내 존재의 정당함을 설명할 수 있을 만큼 불안을 완벽히 떨치게 되지는 않았다. 그렇지만 작은 씨앗은 심었다. 예쁜 꽃이 될지, 커다란 나무가 될지, 그대로 죽어버릴지 알 수 없지만 말이다.

남들 눈에 보이지 않을 만큼 작지만, 씨앗은 어려운 상황이 생기거나 포기하고 싶은 순간이 올 때 내 몸속을 돌아다니며 속삭인다. 박순애는 이야기했다. "버텨, 버텨야 해." 버텨온 시간이 계속 쌓이면 더 살고 싶어질 테다. 솔직히 말해야겠다. 박순애의 말을 들은 뒤에 나는 죽음을 더는 이야기할 수 없는 사람이 됐다. 죽을 수 없는 사람이 됐다.

박순애를 찾아내고 다가갔듯이 나는 예상하지 못한 누군가를 만나게 되리라. 만남이라는 소용돌이 속에서 누군가가 뿌린 말들은 씨앗이 된다. 씨앗들은 생각하지 못하는 방향으로 나를 이끈다. 씨앗들이 모여서 이야기가 되고, 이야기들은 내 이름과 내 집을 지을 방법을 설명해준다. 다시 말하면, 박순애를 만나고 나는 많이 달라졌다.

못난 나를 길게 버텨준 친구들에게 고맙다는 말을 전한다. 친구들이 온전히 받아준 덕분에, 나는 이야기를 시작하고 이어갈 수 있었다. 친구들이 없었다면, 지금의 나는 없었다. 특히 이승한 평론가, 유지영 기자, 변상철

전 사무국장, 나를 버텨준 오예슬에게 정말 고맙다는 말을 전한다. 이 글을 계속 읽으면서 함께 고민한 모든 이들에게 감사 인사를 전한다. 책의 주인공 박순애에게 이야기를 들려줘서 감사하다는 말을 꼭 쓰고 싶다.

이제
이야기를
시작해줄게

너,
책 써봤냐?

첫 마음을 기억한다. 설레는 마음뿐이었다. 서울에서
출발한 기차를 타고 박순애 집으로 향하고 있었다.
밤새 잠을 못 잤지만 앞으로 벌어질 일들이 기대돼
졸리지 않았다. 떨려서 심호흡을 몇 번이나 했다.

　현관문은 활짝 열려 있었다. 박순애는 나를 반갑게
맞더니 대뜸 책을 꺼냈다. 박순애를 인터뷰한 글이
실린《폭력과 존엄 사이》였다. 읽어 봤냐고 물었다.
당연히 읽었다고 했다. 이 책이 나온 날 몹시 기뻐서
하늘을 날아갈 듯했다며 웃었다. 말소되는 줄 알고
있던 억울한 인생을 누군가 기록해줘서 기뻤다고 했다.
100권을 받아서 주변 사람들한테 나눠줬단다.

　"남들이 내 이야기를 읽어줬으니까 몹시 기뻤지."

　점심을 시켜 먹자며 박순애가 배달 음식 쿠폰 북을
뒤적거리는 사이 나는 작은 방을 둘러봤다. 장롱
두 개, 작은 탁상, 침대가 있었다. 탁상 위에 시계,

무죄 판결 받은 날 찍은 사진은 박순애가 머리맡에 늘 두는 상비약이나 마찬가지다.

박하사탕, 휴대폰 등이 어지럽게 놓여 있었다. 사진
한 장이 시선을 끌었다. 입술을 앙다문 박순애가 조작
간첩 사건 재심을 도와준 사람들 사이에서 펼침막을
들고 있었다. '1977년 박순애 간첩 조작 사건의 피해자
박순애 님의 무죄를 축하합니다.'

"할머니, 이거 재심 무죄 받았을 때 사진이네요?"

박순애는 쿠폰 북을 보다 말고 그날을 이야기했다.

"응. 이날 사람들이랑 껴안고 울었지. 계속 울었어.
재판 도와주던 사람이 아이고, 할머니, 할머니 그러고.
하하하하. 변호사도 울었어. 이 사람, 변호 잘해."

그러더니 박순애가 책 한 권을 꺼낸다. 박순애가
무죄를 받는 과정을 도운 남원에 사는 어느 목사가
박순애의 삶을 담아 쓴 시라고 했다. 그 책을 건네면서
큰소리로 읽어달라고 했다.

날 알아주는 사람이 있는, 박순애.

단출한 세간 24년

텔레비전 벗 삼아 하루하루 보낸다.

침대 머리맡엔 손때 묻은 소설 빙점.

일본어판 상하 권 포개어져 있다.

막내딸로 태어나 명문고, 대학 졸업 후 재일교포와 결혼,

일본으로 갔다.

서슬 퍼런 유신시대 불법체류자로 조작 간첩 되어 옥중 생활 12년 이날까지 고생고생이다.

그래도 2016년 6월 9일 대법원 무죄 확정이다.

"저게 내 삶이여."

시를 다 읽은 박순애는 베란다에서 망고를 꺼내왔다. 그러더니 이 망고가 얼마짜리이고 어디서 샀는지 줄줄 이야기했다. 90대에 접어든 나이에도 10원 단위까지 정확히 기억하고 말했다. 망고 맛을 한참 이야기하고는 이 동네에서 수박을 사려면 어디가 가장 싼지 가게 이름과 가격을 읊으며 비교했다.

"실례지만 어느 대학을 나왔어?"

"국민대 나왔어요."

"일류대는 아니네."

박순애는 웃었다.

"나는 전북대 나왔어. 전북대학교 법대, 졸업은 못 했어. 육이오가 되어가지고. 2년 중퇴."

1930년대에 태어난 여성으로 드물게 대학까지 다닌 사람이었다.

스스로 이렇게 설명했다.

"나는 우리 한국 역사 때문에 희생한 할머니여. 남북이 갈라졌기 때문에 모든 사건이 일어났잖아. 나는 그 역사의 기록이야. 내가 역사야."

스스로 역사라고 칭하는 사람, 자기를 매력적으로 소개할 줄 아는 박순애였다. 어서 이야기가 듣고 싶었다. 내 마음을 읽은 눈치였다.

"이제 이야기를 시작해줄게."

넘어지지 말라고 침대 옆에 매단 기다란 봉을 잡아 자세를 고쳐 앉았다. 그러고는 이야기를 하기 시작했다.

따라잡을 수 없는 말의 향연

박순애가 이야기를 시작하자마자 당황했다. 질문과 대답으로 이어지는 대화가 아니라 쏟아지는 말들의 향연이었다. 그 말을 도저히 따라잡을 수 없었다. 박순애는 내가 한 질문에 대답하지 않고 내키는 대로 자기 이야기를 했다. 어릴 적 이야기를 하다가 갑자기 감옥 이야기를 하고, 학교 다닌 이야기를 하다가 불쑥 가족 이야기를 꺼내기도 했다. 굵직한 사건을 정리한 연대기를 흘긋흘긋 보면서 대화를 겨우 따라갔다. 이야기하다 말고 박순애가 갑자기 물었다.

"근데 너 책 써봤나?"

저 젊은 애가 자기가 하는 말을 잘 이해하지 못하고 있다는 사실을 단박에 눈치챈 듯했다. 잘 숨기고 있다고 생각했는데, 아니었다. 내가 당황한 사실을 알아채지 못할 리가 없었다. 나는 얼굴에 감정이 다 드러나는 사람이었고, 상대는 산전수전 다 겪은 박순애였다. 이해는 못 해도 당신 말을 잘 듣고 있다는 대답을 해야 했는데, 나도 모르게 솔직한 소리가 튀어나왔다.

"아니오. 안 써봤는데요."

못 미더운 눈치였다. 그래도 이야기는 이어졌다. 듣는 척이라도 해야 하니까 열심히 대답했다.

저녁으로 초밥을 얻어먹고 하룻밤을 잔 뒤 허둥지둥 박순애의 집을 빠져나왔다. 이날은 별다른 대화를 나누지 못했다. 서류에서 본 박순애의 삶 중에서 건조한 사실들을 뒤죽박죽 들었다. 기차를 탄 뒤 머리를 감싸 쥐며 생각했다. 망했다. 박순애 사건 기록을 살피던 날을 떠올렸다.

무더운 여름이었다. 종로에 있는 한 스터디 카페에 앉아서 박순애에 관련된 기록집, 진실화해를위한과거사위원회(진실화해위) 보고서, 재판 기록 등을 읽었다.

읽는 데만 일주일이 걸렸다. 모든 자료를 다읽고 느낀 당혹감이 아직 생생하다. 기억에 남는 사실이 없었다. 온통 박순애뿐인 기록을 읽은 뒤인데 박순애라는 사람의 아주 작은 조각도 알 수 없었다. 문서들은 분명히 박순애를 가리키고 온통 박순애 이야기뿐인데 정작 박순애를 이야기하지 않고 있었다. 사람들이 떠들어댄 박순애가 있을 뿐이었다. 모든 기록은 박순애가 간첩이냐 아니냐를 두고 진실을 찾겠다며 다투고 있었다. 박순애의 말은 어디에도 없었다.

아무것도 모른다는 생각 때문에 대화가 안 될까 불안했다. 이 상태로 박순애의 집에 갈 수 없다. 굵은 펜을 들고 박순애 연대기를 그렸다. 언제 재판을 받았고, 언제 감옥을 나왔고, 문서에서 확인할 수 있는 굵직한 사실들을 채워 넣었고, 안심했다.

그때만 해도 누군가의 삶을 듣는 일은 사실을 듣는 일이라고 생각했다. 부끄럽지만 고백하자면, 그 사실들을 건지고 꽤나 좋아했다. 이 정도면 박순애의 삶에 질문을 던지고, 박순애의 이야기를 듣고, 이야기를 글로 정리하는 작업은 일도 아니겠다고 생각했다. 너 책 써봤냐는 질문은 그날 상황을 요약했다. 모든 것은 내 예상을 정확히 빗나갔다.

엄마와 목을 조르던 날

집에 돌아와 가방을 집어던지고 침대에 누웠다. 핸드폰 갤러리를 열어 박순애 집에서 찍은 사진들을 뒤적였다. 박순애의 침대가 눈에 들어왔다. 짙은 파란색 시트가 덮여 있고 분홍색 베개가 놓여 있었다. 집을 나오기 전에 매일 베던 분홍색 베개가 떠올랐다. 곧 엄마와 침대에서 서로 목을 조르며 싸운 일이 떠올랐다.

박순애가 던진 질문에는 내 이야기를 왜 쓰려고 하냐는 의심이 숨어 있었다. 그 질문에 답하려면 엄마 이야기를 해야 했다. 용기를 내야 했다. 엄마 이야기를 하는 일은 여전히 두려웠다. 내 이야기가 너무 사소하다며 비난할까 봐, 폭력을 행사한 사람이라며 엄마를 비난할까 봐 두려웠다. 누군가에게 내가 겪은 일을 호소하다가도 금세 엄마를 옹호하거나 내 잘못으로 결론을 내리기도 했다. 이 이야기를 남들에게 해도 되는지 확신이 없었다.

사소하다고 여길지 모르는 갈등과 폭력을 말하려 한다. 나와 엄마는 서로 목을 졸랐다. 폭력을 휘둘렀고, 끝없이 갈등했고, 여전히 불화하는 중이다. 엄마와 내 이야기는 박순애를 만나 대화하려 한 이유이기도 했다. 그 일들을 겪고, 상처를 받고, 상처 속에서 헤맨

날들이 지금의 나를 만들었다. 여기서 말을 시작해야만
이야기가 끝날 수 있다는 사실을 스스로 설득할 수
있다. 그래서 쓴다.

엄마와 나는 서로
목을 조르고 있었다

아침인지 점심때인지는 분명하지 않다. 힘에 눌린 목을 간신히 들어 방 뒤쪽 창문을 쳐다본 때 해가 쩽쩽하던 기억은 확실하다. 내 손은 엄마의 목을 조르고 있었고, 엄마는 내 목을 조르고 있었다. 엄마하고 말다툼을 하다가, 몸싸움을 하다가, 침대와 벽 사이로 몸이 빠져버렸다. 엄마는 한쪽 다리는 바닥에 디디고 다른 다리는 침대에 걸쳐 놓은 채 위에서 나를 내려다보고 있었다. 서로 목이 졸린 채 소리를 지르고 있었다. 컥컥. 이따금 괴성을 질렀다.

목을 조르는 손에 온힘이 실리지는 않았다. 엄마도 나도 살면서 누군가의 목을 조른 적은 없었다. 엄마와 나는 서로 죽이고 싶을 만큼 미워하지만 차마 죽일 수 없는 사이다. 정확히 말하면 목을 조르는 일은 차마 못 한 증오한다는 말이기도 했고, 제발 이야기를 하자는 절박한 외침이기도 했다. 그때는 다른 기억과 엇갈린 감정으로 서로 증오하면서 같은 행동을 하고 있다는 사실을 미처 몰랐다.

할머니는 엄마를 인정하지 않았다

엄마는 친구 같은 모녀를 꿈꿨다. 자기가 그렇지 않기 때문이었다. 엄마는 내가 성공하기를 바랐다. 경제적 성공이 아니라 내가 하고 싶은 일을 하기를 바랐다. 자기가 그렇게 하지 못한 때문이었다.

결혼 뒤 엄마는 '이대 나온 애들'을 뚫고 들어간 정부 어느 부서의 차관 비서직을 그만둬야 했다. 엄마는 일을 더 하고 싶었고, 동료들도 남아 있으라 했지만, 그 시절 여느 여자들처럼 결혼하고 일을 관뒀다. 아빠도 엄마가 그러기를 바랐다. 엄마는 종종 그때 이야기를 했고, 나는 엄마가 자랑스러웠다. 멋진 사무실에서 일하는 엄마를 떠올리며 엄마처럼 일하는 나를 상상하기도 했다. 엄마는 내가 살아가는 원동력이었다.

엄마는 인기가 많았다. 남의 고민을 잘 들어주고 알맞은 조언을 잘했다. 우리 집에는 이웃 엄마들이 많이 찾아왔다. 가난한 편인데도 엄마는 주눅 들지 않았다. 엄마들 모임에서 어떤 엄마가 말했다.

"혜미네 엄마는 잘살지도 않는데 참 당당해."

엄마는 늘 당당했다. 덕분에 남들보다 가난하다는 사실은 알았지만 부끄럽지 않았다. 쥐가 지나다니고 바퀴벌레가 나오는 반지하에 살았지만, 나도 친구를 자주 초대했다. 그때는 물건값 500원이라도 아껴야 하는 상황이었다. 엄마는 사람들이 집에 오면 부담스러웠다. 그렇지만 한 번도 내색 안 하고 내가 데려오는 친구들을 최선을 다해 맞이했다.

누구나 그렇듯이 엄마도 큰 상처가 있었다. 내가 유일하게 알고 있는 엄마의 상처는 가족이다. 할머니는 성별을 이유로 삼촌을 편애했다. 할아버지에게 맞는 할머니를 보호하려고 엄마가 애쓸 때 삼촌들은 보고 있기만 했다. 엄마는 그 이야기를 하면서 가끔 울었다. 할머니가 그런 삼촌들을 옹호하면서 여전히 편애할 때 시큰둥하거나 툴툴댔다. 할머니는 엄마를 인정하지 않았고, 사랑을 주지도 않았다. 결혼하기 전에 일하면서 받은 월급을 할머니에게 몽땅 가져다줄 정도로 효녀였지만, 할머니는 당연하게 생각했다.

엄마와 할머니 관계에서 내가 아는 사실은 이 한 문단 정도가 다다. 토막 난 이야기일 뿐이다. 엄마는 이런 이야기를 잘 하지 않았고, 나도 물어보지 않았다.

엄마는 우리들이 할머니를 싫어하지 않기를 바랐다.
할머니가 나와 내 동생을 얼마나 사랑했는지 자주
이야기하기도 했다. 엄마는 자기 약한 모습을 드러내고
말하기 싫어했다. 약한 구석을 드러내면 강함을
포기하게 된다고 생각했을지도 모르겠다. 엄마는
할머니하고 엄마 자신의 이야기를 종종 들려주면서
이런 말을 했다.

  "절대 우리 엄마처럼 내 자식들을 여자라고 차별하지
않을 거야."

  정말 그랬다. 엄마는 내게 모든 것을 쏟아부었다.

  엄마에게 엄마란 끊어낼 수도 없고 끊어내지도
못하는, 갈팡질팡하게 만드는 존재다. 10년을 주기로
엄마와 할머니는 연락하다가 안 하다가를 반복했다.
엄마는 할머니를 외면하고 싶어하면서 다른 한편으로
지독하게 인정받고 싶어했다. 할머니 집에 음식을 사다
날랐고, 할머니가 돌보던 외삼촌의 자식들까지 돌봤다.

  할머니는 엄마가 하는 노력을 당연히 여겼다. 엄마는
할머니 앞에서 엄마도 나를 좀 인정해달라고 소리치며
울기도 했다. 할머니에게 내쳐지면서도, 할머니를
외면하면서도, 다시 찾아갔다. 엄마가 불쌍하고
안쓰러웠다. 왜 그토록 할머니에게 사랑받으려 하는지

이해할 수 없었다. 안 보면 되지 않나 하고 생각했다.

엄마와 할머니의 관계는 엄마와 나 사이의 관계를 저울질하기 좋은 척도였다. 엄마와 내 관계가 할머니와 엄마의 관계보다 낫다고 생각해 안도했고, 은근히 자랑스러웠다. 엄마와 나는 절대 할머니와 엄마처럼 되지 않을 거라고 생각했다.

저울질은 엄마가 부모와 자식 사이의 관계를 다루는 텔레비전 프로그램을 볼 때 특히 심했다. 부모가 준 상처를 자식에게 대물림하는 장면들이 있었다. 엄마는 눈물을 흘리며 부모에게서 받은 상처를 이야기했고, 아이에게 사과하기도 했다. 엄마와 내 관계는 저렇지 않아 다행이라고 안심했다. 엄마는 그런 프로그램을 좋아해서 비슷비슷한 내용이어도 유심히 봤다. 그럴 때 엄마는 늘 말했다.

"가족에게 문제가 생기는 건 다 부모에게 받은 상처 때문이야."

엄마 말에 동감했다. 그런데 나는 엄마에게 맞았다.

엄마는 나를 때렸다

어느 날 엄마를 생각하다가 썼다.

나는 엄마와 사이가 좋다

나는 엄마에게 맞았다

이 두 문장은 양립할 수 없다. 한 문장을 지워야
했다. 망설이지 않았다. 펜을 들고 '나는 엄마에게
맞았다'는 문장을 죽죽 그어 지웠다. 대학에 들어오기
전까지 맞은 사실을 문제 삼지 않았다. 우리 가족이
화목하다고 굳게 믿었고, 화목해야 하기 때문이었다.
그 울타리에서 절대 벗어나고 싶지 않았다. 가족의
비극이 평생 어떤 영향을 끼치는지 엄마와 할머니의
관계에서 생생하게 목격한 때문이었다. 엄마와 할머니
관계는 평생 미워하고, 사랑하고, 인정받으려 하고,
떨쳐내고 싶어하는 관계였다. 엄마처럼 죽기 직전까지
미친 사람처럼 살아야 할까 봐 두려웠다.

그런데 덮이지 않았다. 어느 날 그 기억들이 불쑥
올라오기도 했고, 분노가 치밀기도 했다. 그럴 때는
다른 집도 다 그렇게 산다는 어디서 주워들은 말을
뚜껑 삼아 맞은 기억들을 덮어버렸다. 치고 올라오는
감정들을 묻어야 했다. 사소한 일을 겪었고, 매일
맞지도 않았고, 심한 폭력을 당하지도 않았다고
나를 달래면 감정이 가라앉기도 했다. 엄마는 내게

나쁜 사람이어도 안 되고 좋은 사람이어도 안 됐다.
복잡했다.

내가 겪은 일이 피해가 맞는지 확인하고 싶기도 했다.

"너, 그런 일 겪으면 안 되는 거야."

내 얘기를 듣고 사람들이 이렇게 말할 때는 기쁘기도
하지만 절망하기도 했다. 내가 겪은 일이나 내가 느낀
감정에 정당성을 실어주고 공감하는 이들이 있어서
기뻤다. 울타리가 허술한 우리 가족을 자각하지 못하고
살아온 현실에 절망했다. 두 가지 감정으로 머리가 터질
듯했다. 괴로운 감정과 기억을 가라앉히고 싶어서 이런
가족들에게 항의하면 안 되는 이유를 찾았다.

엄마는 가정 폭력의 피해자였다. 엄마가 불쌍했다.
엄마는 가정 폭력 가해자이기도 했다. 매스컴에서 흔히
보는 전형적인 가정 폭력 가해자는 아니었다. 칼을
들고 협박하지도 않았고, 피가 철철 날 정도로 때린
적도 없었다. 사람들이 인정하는 피해자 기준에 못
미치는 폭력이니까 항의하면 안 된다고 결론을 내렸다.
엄마를 미워하지 않는 대신에 내가 겪은 문제를 작고
사소하게 만드는 쪽을 선택했다. 맞은 사건이 몇 번
있었고, 엄마와 아빠와 동생에게 화풀이 대상이 우연히
나일 뿐이었다. 가족에게 맞은 이야기를 하며 온 가족이

웃기도 했다. 그때는 그랬지 하면서 웃어넘길 일 가지고
유난을 떨어서는 안 됐다.

이렇게 결론을 내리고 나니까 더 괴로웠다. 차라리
텔레비전에 나올 정도라면 엄마를 악마로 여기고
살아가면서 증오하기 쉬웠다. 엄마를 미워하는 일이
몹시 쉬울 수 있었다. 쉽지 않았다. 어떤 때는 엄마를
죽이고 싶을 정도로 미워하다가도, 어떤 때는 또
사랑한다고 느꼈다.

맞다가 죽을 수도

처음 맞은 때로 선명히 기억하는 날이 있다. 초등학교
1학년 때다. 겨울이 깊어지는 즈음이라 해가 빨리 지기
시작했다. 아주 먼 거리를 통학했다. 어른 걸음으로
30분 정도이고 아이 걸음으로 한 시간은 넘었다.

수학 숙제가 있었는데, 책을 두고 오는 바람에
다시 학교로 가야 했다. 동생을 데리고 학교에 갔다가
미끄럼틀에서 새빨간 해가 검정색 하늘로 바뀔 때까지
놀고 말았다. 엄마에게 혼은 날 테지 생각하면서 동생을
데리고 집으로 뛰어 들어갔다.

맞다가 죽을지도 모른다는 공포를 처음으로 느꼈다.

살려달라고 빌었다. 무릎을 꿇고 손을 싹싹 빌었다. 맞지 않으려고 토끼처럼 방 안을 뛰어다녔고, 누군가 동생과 내가 지르는 비명 소리를 듣고 와주기를 간절히 바랐다. 계속 맞았다. 매질이 어떻게 끝났는지 기억이 나지는 않는다.

다른 장면은 고등학교 2학년 때다. 내가 히스테리를 부렸거나 엄마가 시킨 일을 안 했을 테다. 엄마가 뺨과 코를 동시에 주먹으로 때렸다. 코피가 뚝뚝 쏟아져서 분홍색 이불에 있던 꽃이 빨간색으로 물들기 시작했다. 종아리나 손바닥에 피멍이 든 적은 있어도 피가 쏟아진 적은 처음이었다. 놀라서 쳐다보니 엄마가 말했다.

"넌 더 맞아야 돼. 그게 아파?"

그때였다. 가족이 위협이 될 수 있다는 사실을 알게 됐다. 혼나는 일이 끝나면 내 존재를 향해 비난을 퍼부었다. 부모는 너를 그렇게 키우지 않았다고 나한테 말하고는 서로 당신이 애를 잘못 키웠다며 탓하고 싸우기 시작했다. 울기는 해도 잘못했다고 절대 말하지 않았다. 나를 때린 엄마에게 하는 반항이었다.

동생은 문제아, 아빠는 술주정

동생은 문제아였다. 부모가 학교에 불려가기 일쑤였고, 그때마다 아빠는 버릇을 고치겠다며 자기 머리를 깎고 골프채로 동생을 때릴 정도였다. 중학교 3학년 때부터 고등학교 2학년 때까지 3년 정도 동생에게 욕설을 들으며 지냈다. '씨팔년'이나 '좆까' 같은 차마 입에 담지 못할 말들이었다.

동생의 폭언과 폭력적 행태는 주로 집에 부모가 없을 때 나타났다. 부모가 보는데도 욕하거나 때리면 똑같이 욕설을 하고 때리는 시늉을 했다. 일부러 동생에게 시비를 건 적도 있다. 내가 받은 공포와 상처를 똑같이 돌려주고는 싶은데 보는 사람이 있어야 누군가 동생이 행사하는 폭력을 막아줄 수 있다고 생각했다. 그러면 부모는 소리를 질렀다.

"부모 앞에서 못 하는 소리가 없다."

내가 동생에게 저항할 수 있는 유일한 시간이었다. 동생이 집에 친구를 데려오는 일도 싫었다. 제 친구들 앞에서 나를 무시하는 태도를 보이는 동생도 싫었고, 동생 친구들까지 나한테 폭력과 폭언을 행사할까 봐 무서웠다. 동생이 친구를 데리고 오는 날은 무조건 밤늦게 들어가거나 일찍 잤다. 고장나서 소용없는 자물쇠라도 당연히 걸어 잠갔다.

아빠도 문제였다. 스물한 살부터 스물세 살까지 술 취한 아빠가 폭언하는 장면을 자주 목격했다.

"니들 없었으면 난 더 잘살았어, 씨팔년, 씨팔것들."

아빠가 술을 마시고 들어온다는 말을 들으면 무조건 일찍 잠자리에 들었다. 소용없었다. 비밀번호를 누르는 순간 잠에서 깼고, 온 신경은 방문에 다닥다닥 붙어 바깥을 향하고 있었다. 그리고 제발 내 방에 들어오지 않기를 바랐다. 가끔 너무 무서워 이불 밑에 커터 칼을 숨기고 자기도 했다.

아빠가 잠이 들면 이불 속에 숨어서 사귀던 애인에게 전화를 걸었다. 무섭다고, 나랑 같이 나가서 살면 안 되냐고 말했다. 취직을 하면 같이 살자는 바람과 둘이 다른 곳에 가서 살자는 애인의 말을 자장가 삼아 울면서 잠들었다. 문 열고 나가 폭언에 시달리는 엄마를 도와야 한다는 생각이 들었지만, 무서웠다.

엄마가 이런 일을 겪은 다음날 내게 하소연할 때마다 제발 이혼하라고 빌었다. 여성을 지원하는 기관들을 검색해 내밀었다. 둘이 다시 사이가 좋아지면 하소연은 줄어들고 이혼 이야기도 들어갔다. 용기를 내 아빠에게 말도 했지만, 아빠는 멋쩍어하더니 기억이 안 난다고

했다. 말하기를 포기하고 숨기를 택했다. 아빠가 술을
마시면 똑같은 일이 반복됐다.

사과했는데 어쩌라는 거야

대학생 때였다. 마트에 있는 피자집에서 엄마하고 한창
데이트 폭력에 관해 이야기하고 있었다. 준비하지도
않았는데 나도 모르게 일이 벌어졌다.

"결혼할 때는 집안 환경이 중요해. 아빠가 엄마를
때렸는지, 부모가 자식을 때렸는지 잘 봐야 한다니까."

혼잣말인지 나한테 하는 당부인지 모르지만 엄마가
말했다. 피자 먹다 말고 울었다. 처음 듣는 말도 아닌데
그날따라 몹시 서러웠다.

"엄마도 나 때렸잖아."

눈물이 펑펑 쏟아졌다. 엄마는 내가 그런 이야기를
꺼낼 줄은 모른 듯 당황한 표정이었다.

"미안해. 안 그러려고 했는데, 이해해줘. 이해를
해달라는 말은 아니지만, 미안해."

사과인지 부탁인지 알 수 없었다. 고개를 끄덕였다.
그러나 위로받지는 못했다. 내게 행사한 폭력들이 30분
이어진 대화로 용서될 리 없었다.

그 뒤 엄마와 나 사이의 갈등이 폭발했다. 한번 터져 나온 감정은 수습되지 않았다. 이야기가 시작되자 이야기는 계속됐다. 끝임없이 엄마에게 사과해달라고 했다. 엄마는 그런 나를 이해하지 못했다.

"사과했는데, 다시는 안 하겠다고 했는데, 어떻게 하라는 거야."

엄마는 나를 이해하지 못했고, 나도 그런 엄마를 이해하지 못했다. 과거 일까지 끄집어내며 서로 상처를 할퀴었다. 미안하다는 말은 위로가 되지 않았다.

부모가 사과를 하면 자식은 가슴을 쓸어내리면서 화해하는 감동적인 장면이 텔레비전에는 참 흔하던데, 그렇지 못하는 내가 예민한지 알 수 없었다. 십여 년 넘게 참아온 시간에 비례해 분노가 켜켜이 쌓여 있었다. 별것 아닌 일로 길게 화를 내고 있는 이유를 찾으려 노력했다. 결론은 엄마였다. 몇 번이고 내게 사과해야 하는데, 엄마는 그렇게 하지 않았다. 엄마 때문이었다.

내 머리는 이 결론을 받아들이지 못하고 의심했다. 엄마에게 화가 나는 마음이 정당한지, 왜 동생이나 아빠보다 엄마에게 화가 더 많이 나는지, 매일 분노와 자책과 후회를 달고 살았다. 내가 가만히 살면 엄마와 내 관계는 별 탈 없이 흘러갈 수 있었다.

감정들이 뒤섞인 채로 1년 정도를 살았다. 어느 날은 엄마를 죽이고 싶다면서 활활 타오르다가, 정말 엄마를 죽일까 봐 무서워서 주먹을 꽉 쥔 채 마음이 진정될 때까지 버스 정류장에서 엉엉 울기도 했다. 엄마에게 사과받지 못한 현실보다 엄마가 나를 이해하지 못하고 있다는 사실이 절망스러웠다. 엄마도 부모에게 비슷한 일을 겪은 사람인데 왜 내 마음을 이해하지 못하는지를 도무지 이해할 수 없었다.

어떤 사람은 이야기했다.

"엄마는 자기 부모에게 받은 것보다 혜미 씨에게 더 많은 것을 해줬기 때문에 혜미 씨를 이해할 수 없을 거예요."

엄마도 비슷한 말을 했다.

"내 부모는 사과도 하지 않았어. 미안하다고 했는데, 도대체 무엇을 더 바라냐."

라디오 볼륨 좀 줄이라고

엄마와 나 사이의 갈등은 커질 대로 커졌고, 아빠와 동생은 이런 상황을 힘들어했다. 집을 나와야겠다고 마음먹은 순간이 있었다. 라디오 볼륨 때문이었다.

집에서 공부를 하는데 엄마가 라디오를 튼 채 노래를 흥얼거리고 있었다. 화가 치밀어 올랐다. 내 마음은 지옥이고 모든 것이 엉망인데 노래를 부르는 엄마는 나만큼 지옥이 아닌 듯해 절망스러웠다.

엄마에게 라디오 소리를 줄여달라고 했다. 지금 생각해보면 라디오 소리는 그렇게 크지도 않았다. 엄마는 기다렸다는 듯 내 방으로 들어왔다. 그러고는 소리를 질렀다.

"여기 내 집이니까 나가."

서로 때리며 목을 조르는 상황까지 왔다. 극단으로 치솟은 감정을 나쁜 방식으로 보여주고 있었다. 집에 있던 약을 모조리 삼켰다. 화가 나 있고 엄마에게 절망한 상태이니까 다시 사과하라는 시위였다. 밖에 있다가 놀라서 뛰어온 아빠는 신발이 없었고, 엄마는 울고 있었다. 119 구급차가 도착했다. 무슨 일이 있냐고 묻는 이웃에게 아빠는 웃으면서 애가 좀 아프다고 했다.

결국 엄마는 미안하다고 말했다. 두 번째 사과였다. 내가 이겼다고 생각했다. 병원에서 돌아오는 길에 엄마는 계속 울었다. 우는 엄마를 보면서 조금은 통쾌했다. 엄마가 괴로운 내 마음을 알아주겠지 생각했다. 아니었다. 집에 돌아온 엄마는 소리쳤다.

"네가 감히 어떻게 그럴 수 있어. 지금 무슨 짓을
했는지 알아?"

엄마는 나를 이해하는 대신 배신감 때문에 충격을
받았다. 엄마는 절대 나를 이해할 수 있는 상황이
아니고 이해를 할 수도 없다는 사실을 그때 깨달았다.
패배를 선언했다.

"엄마, 내가 졌어. 더는 사과하라고 하지 않을게.
엄마가 이겼어. 내가 집을 나갈게."

취업을 준비하던 나는 급하게 월셋집을 알아봤다.
짐을 정리하면서 다시는 이 집으로 돌아오지 않겠다고
결심했다. 한 뭉텅이 짐을 들고 뒤도 돌아보지 않았다.
엄마가 잠깐 외출한 틈을 타서 인사도 하지 않은 채
집을 나왔다.

자꾸만
질문하게 만드는 사람들

준비 없이 집을 나온 탓에 아르바이트로 생계를 벌었다.
작은 언론사에서 일하게 됐다. 가난한 사람, 장애인,
성 소수자 등 자기를 차별하는 사회를 향해 저항하는
사람들이 모인 공간이었다. 사람들은 끈끈한 공동체
속에서 상처를 매개로 강하게 연대하고 있었다. 이런
공간인데도 적응하지 못했다. 술 마시자 권해도 바쁘다
거절했고, 같이 밥 먹는 시간도 일부러 피했다.

공동체가 두려웠다. 내 가족에게 내쳐지고 나서
공동체가 얼마나 깨지기 쉬운지, 공동체에서 버려지면
고통의 크기와 상처가 얼마나 심각한지 알고 있기
때문이었다. 그 과정을 되풀이하고 싶지 않았다. 다시는
어떤 공동체에도 속하기 싫었다. 사람들이 농담으로
하는 말에서 어떻게든 가시를 찾아내려 애만 썼다.

대신 사람들의 이야기를 훔치려 했다. 비슷한 상처를
입은 사람들을 찾아다니면서 위로받고 싶었다. 쉽지

않았다. 생존이 걸린 문제를 두고 싸우는 사람들에게 가족에게 받은 내 상처는 너무 작고 초라했다. 집에서 해방된다면 더 없이 행복할 줄 알았는데, 왜 집을 나와도 괴로운지 이유를 알 수 없었다.

집을 나와도 왜 괴로울까

엄마를 향한 감정은 복잡했다. 엄마가 보고 싶다가도 지난 1년 동안 엄마에게 받은 상처를 생각하면 엄마를 죽이고 싶기도 했다. 나는 네 편이야, 지구 끝까지 네 편이라고 말하던 엄마는 그 말들을 모두 배반했다. 분노에 차 많이 울기도 했다.

누군가 부모 이야기를 물어보면 얼굴에 불이 난 듯 화가 났다. 부모님하고 같이 사냐고 물으면 엄마는 오래전에 돌아가셨다고 답하기도 했다. 명절에 엄마네 집에 가냐고 물으면 사생활이라며 무안을 주기도 했다. 엄마라는 단어는 시한폭탄처럼 민감한 말이었다.

'엄마', '가족'이라는 단어를 들으면 떠오르는 감정과 이야기들을 가라앉히려 나름대로 노력했다. 고통의 의미를 찾으려고 책도 읽고 철학 공부도 했다. 괴로움을 떨치려고 몸을 격렬히 움직이는 운동도 해봤다.

미디어에서 일을 했으니까 처음에는 사회적 원인을 찾는 데 집중했다. 거기에서 만난 사람들은 자기가 겪는 고통의 원인을 자기가 아니라 사회에서 찾아내며 열심히 싸웠다. 이를테면 장애인에게는 장애 자체가 아니라 장애를 차별하는 사회 구조가 문제의 원인이다. 계단만 있는 건물에 휠체어를 타는 장애인은 들어가지 못한다. 장애를 탓하지 말고 휠체어가 다니게 경사로를 만들면 문제는 해결된다.

내 문제에 관련해서 사회적 원인을 찾아봤다. 그나마 설명할 수 있는 단어는 가부장제였다. 내 문제를 설명하는 데 너무 크고 아주 먼 단어였다. 내가 겪은 이야기를 섬세하게 설명하지 못했다. 가부장제가 답이라고 해도 엄마를 잃은 듯한 상실감, 엄마를 죽이고 싶은 감정을 설명할 수 없었다. 내가 겪는 고통의 원인을 설명한다고 해도 이 뜨거운 감정들은 도저히 어디로 떨치거나 덜어낼 길이 없어 보였다.

심리학 책도 뒤적거렸다. 끝없이 펼쳐지는 이론들을 읽으면서 무력해졌다. 증상과 병명 속에 위로는 없고 내가 문제적이라는 이야기만 되풀이했다. 나는 문제를 바꾸거나 작게 만들 수 없는 사람이 되는 듯했다.

고통을 이고 평생 어떻게 살아갈까

그러다가 고통의 의미를 찾는 데 몰두하기보다는 고통을 직면하면서 더 넓은 범위의 질문들을 던질 수 있게 됐다. 고통을 어떻게 하면 없애느냐고, 어떻게 하면 해결할 수 있느냐고 묻는 질문은 조금씩 버리게 됐다. 고통의 원인을 찾기가 어려웠으니까, 엄마는 나한테 왜 그랬고 나는 왜 이런 일을 겪어야 하느냐는 질문이 소용없다는 현실을 알아갔으니까. 고통을 어떻게 이고 지고 사느냐 같은 질문들을 생각하기 시작했다.

이런 생각이 물꼬를 트게 된 계기는 형제복지원 피해 생존자 시위였다. 형제복지원 사건은 1975년부터 1987년까지 구걸하거나 거리를 부랑한다는 이유로 가난한 아이나 장애인을 가두고 강제 노역과 학대를 일삼다가 수백 명이 죽고 다친 비극이다. 여전히 보상과 처벌이 제대로 마무리되지 않고 있다.

시위는 청와대 앞에서 열렸다. 경찰이 가까이 오자 시위대 중 한 사람이 외쳤다.

"나는 형제복지원으로 강제 연행된 적이 있어서 경찰에 트라우마가 있습니다. 무서우니까 가까이 오지 말아요."

경찰들은 그 말을 듣고 잠시 주춤했지만 다시 착착

움직이며 공간을 더 좁혔다. 시위 참여자가 덜덜 떨며
주저앉더니 땅을 치고 울며 말했다.

"이 마음 아무도 모른다. 나 힘든 거, 이렇게 괴로운
거, 아무도 모른다. 말해도 아무도 모른다."

이 말이 끝나기 무섭게 노란 옷을 입은 피해자들이
울기 시작했다. 형제복지원 피해 생존자 한종선이
마이크를 쥐었다.

"우리는 형제복지원의 피해 생존자입니다."

피해 생존자라는 단어를 그때 처음 들었다. 피해에
압도되는 피해자가 아니라 피해에서 살아남은 사람을
부르는 피해 생존자. 피해는 입었지만 계속 살아가는
사람을 말했다. 이 말은 사건과 사람이란 평생 떨어질
수 없고 같이 살아야 된다는 이야기처럼 들렸다.

이 단어를 듣기 전에는 들끓는 마음을 진정시키고,
없애고, 벗어날 생각만 했다. 엄마와 할머니 사이처럼
불화하면서도 사랑해야 하는 관계가 어쩔 줄 모르고
계속되는 일이 끔찍하기 때문이었다. 그런데 어쩔 줄
몰라서 평생을 짊어지고 갈 일도 있다고 인정해야 했다.
마음속 내 문제들, 엄마를 향한 증오와 미움을 품고
어떻게 살아갈지를 생각하기 시작했다.

'어떤 일은 평생을 같이 살아야 되는구나. 해결하려면

오랜 시간이 걸릴 문제가 내 인생에 생겼구나.'

타인의 고통

쌍용차 해고 노동자들과 장애인들이 만나 연대하는
문화제에도 참석했다. 쌍용차 해고 노동자들은 복직을
요구하는 거리 투쟁을 시작했고, 장애인들은 부양
의무자 기준 폐지, 장애인 거주 시설 폐쇄법 제정, 장애
등급제 폐지를 내걸고 다시 싸움을 시작했다.

　두 집단을 어떻게 연결해서 사람들에게 전해야 할까
고심했다. 싸우고 있다는 사실 말고는 아무 관계 없어
보이는 이들이었다. 연대 문화제에 참석한 사람은 내가
한 질문에 이렇게 이야기했다.

　"농성장이 가까이 있었어요. 처음에는 어색했지만
가까이 있다 보니 서로 궁금해하게 됐고, 그러다 보니
친해져서 지금도 연대하는 중이에요."

　그 사람은 그 뒤로 문제를 해결하고 알리느라 어떤
일들을 했는지 들려줬다. 처음에는 절차와 방식대로
시작했다. 문제를 해결할 위치에 있는 사람을 만나려
서류를 접수하고 답변을 기다렸다. 하염없이 기다려도
공무원들은 거절 공문 한 장으로 마무리하려 했다.

문제를 해결하고 이야기를 들어야 할 사람이 듣지
않으면 말하는 사람은 거칠어진다. 관공서에 쫓아가고,
점거도 하고, 시위도 하고, 기자 회견도 했다. 오체투지,
단식, 삭발을 선택하는 사람도 있었다. 한번에 해결되지
않기 때문에 사람들은 이런 일들을 몇 년째 반복했다.

타인의 고통을 보기 시작하면서 내 고통도 다시
볼 수 있게 됐다. 나에게 몰두하던 나를 벗어던지고
나를 제대로 바라볼 수 있게 됐다. 치열하게 생각한
때문이 아니었다. 내 문제하고 전혀 상관없는 사람들,
자기만의 고통을 이고 살아가는 사람들에게 조금씩
질문을 던지면서 알아갈 수 있었다.

다시 질문을 하고 싶었다

그러다 그 일을 그만두게 됐다. 안정적으로 살 수 있는
공무원이 되고 싶어 시험을 준비할 생각도 했다. 그런데
차별받는 이들을 만나다가 풍선처럼 커져버린 질문들을
해결하기 전에는 내가 도저히 살아갈 수 없을 듯했다.
고통을 안고 어떻게 살아가야 하는지 궁금했다.

선감학원 사건을 취재한 일도 떠올랐다. 이야기를
조금 더 듣고 싶어서 인터뷰를 마치고 같이 밥을

먹었다. 선감학원 생존자는 가난 때문에 원가족에게
버려져 이 시설 저 시설을 옮겨 다녔다. 폭력도 당했고
가난을 벗어나지 못했다. 그러다가 우연히 가족을
찾았다.

"가족이 나를 버렸기 때문에 엄청나게 미워했어요.
그래서 가족을 버리고 싶었는데 잘 안 되더라고요. 또
가족에 다시 기대게 되고 사랑하게 되고. 가족을 버리는
게 쉽지 않았어요."

생존자가 내 마음을 말했다. 평생 그런 마음으로
살아야 하냐고, 가족이라는 단어가 인생에서 원래 없던
말인 양 살 수 없냐고 묻고 싶었다. 그렇지만 무슨
대답이 나올지 몰라서, 내 이야기를 꺼낼 용기가 없어서
입을 다물었다.

다른 사람들도 떠올랐다. 취재를 하려고 던진 질문,
마음속에 있는 파편을 조금씩 꺼내던 순간을 조각처럼
맞춰보기로 했다. 사람들을 만나면서 가끔씩 답을 듣던
일처럼 내 질문을 해결하려면 누군가에게 묻고 대답을
들어야 한다고 생각했다. 다시 인터뷰를 하고 싶었다.

누구를 만나야 할지, 어디서 만나야 할지 막막했다.
이야기를 듣다가 내 이야기처럼 들려 울고 싶지는 않기
때문에 나하고 비슷한 문제를 겪지 않은 사람을 만나고

박순애의 얼굴이다. 박순애는 눈동자가 또렷하고 입술이 얇다. 사람을 쳐다볼 때 눈동자를 되록되록 굴리는 습관이 있다.

싶었다. 이제껏 내 문제하고는 상관없는 사람들을 만나 조금씩 질문을 던지며 방향을 찾아갔듯 이번에도 그러고 싶었다.

그렇게 이곳저곳 인터뷰할 사람을 찾아다녔다. 조작 간첩으로 몰린 사람을 지원하는 시민단체 '지금여기에'에서 기록 활동 활동가를 찾는다는 공고를 봤다. 결국 공모에 떨어져 낙담했지만 놓치고 싶지 않았다. 단체에 도움이 되고 싶은데 자원 활동이라도 할 수 있느냐고 지금여기에 변상철 사무국장에게 메일을 보냈다.

그렇게 변상철 국장을 만났다. 변상철 국장은 조작 간첩이던 한 사람을 기록하려 한다고 말했다. 자기 이야기가 온전히 기록되기를 바라는 사람이라고 했다. 조작 간첩이 뭔지도 모르면서 망설이지 않고 하겠다고 했다.

그렇게 박순애를 소개받았다.

지금 여기,
박순애

박순애하고
이야기할 수 있을까

그렇게 만나 이야기하고 싶었지만, 서울로 돌아와서 녹취록을 풀고 난 뒤 빈 종이를 채우기 힘들었다. 이미 쓰기로 약속을 한 만큼 박순애 이야기를 정리하려 애썼다. 박순애 이야기를 이해하려면 시대를 알아야 한다고 생각했다. 다른 사람들이 쓴 글을 보고 논문을 뒤적였다. 조작 간첩이라는 키워드는 모조리 검색했다. 열심히 책을 읽고 논문을 뒤적인 뒤 뒤죽박죽 흘러나온 이야기를 연대기 순으로 정리했다. 이야기를 썼다.

여자라서 간첩이 된 건 아니지만

"1930년생이고, 4남 3녀 막내딸로 태어났어. 이름은 박순애야. 아버지는 한약방을 했고, 잘살았어. 집주인이 그러더라. 우리 집이 동네에서 잘사는 여섯 손 안에 든다고. 처녀 적에 나는 염세주의자였어. 절에 가서

박순애의 침대 밑에 놓인 일어판 《빙점》. 아무데나 펼쳐도 박순애는 막힘없이 줄줄 읽었다.
깜짝 놀란 옆집 할머니와 나는 함께 박수를 쳤다.

혼자 있고 싶다든지 산골짜기에서 혼자 그냥 글이나
쓰고 있다든지, 그런 사람이었어. 시집은 가기 싫었어.
스님이 되고 싶기도 하고. 수녀가 되고도 싶어서 천주교
1년 다녔어. 묵주를 호주머니에 넣고 묵주 신공을
해가면서 길을 오고갔어.

　나 학교 다닐 때는 일본책 많이 읽었지. 《테스》,
기쿠치 간의 《두 번째 키스》, 그리고 또 《빙점》 쓴 사람
책도 많이 봤어. 미우라 아야코가 책을 많이 썼어. 책을
순하게, 굴곡이 없이 순하게 쓰면서 재미있게 써. 책
내용이 얼마나 좋은지 몰라. 간단하게 말할 수 없지.
한국어로 번역된 것도 있어."

　일어판 《빙점》은 박순애의 침대 머리맡에 고스란히
놓여 있었다. 많이 봤는지 손때가 묻은 채였다.

　꿈도 많고 책도 많이 읽는 박순애 학생을 상상하면서
박순애를 천천히 알아가고 싶었다. 즐거운 이야기로
시작하면 좋을 듯해서 학교 다닐 때 기억에 남는 일을
이야기해달라고 이야기했다. 그 뒤로 이야기는 막힘이
없었다. 박순애는 당찬 학생이었다.

　"전북여고 댕겼거든. 내가 테니스를 칠 줄 몰라.
잘 치는 애들 구경하고 나서 라켓을 오빠가 하나
사줬어. 해가 저물고 할 때 라켓 들고 학교에서

돌아오면 남학생들이 '테니스 잘 치나 보다?' 그래. 내가
'덤벼들려면 덤벼들어 봐' 그랬어. 건들건들하고 다녔어,
얌전하지 않고. 북중학교 뒤가 우리 집이었거든. 내가
집에 가려고 하면 북중학교 학생들이 2층, 3층에서
나한테 막 손을 흔들고 그래. 친구들하고 서너 명씩
같이 가지. 그럼 얌전하게 걸어가야 할 거 아니야. 근데
뒤로 딱 돌아서서 같이 흔들어, 나도. 그럼 걔네들도 손
흔들지. 하하하.

　　친구 셋이 있었어. 국민학교 때부터 친한 친구여.
양정자, 김영희, 박순애. 일요일이 되면 전주 시내에
변한 것이 없는가 한번 순찰을 해야지 하고 친구들끼리
말했어. 손잡고 '가자, 가자' 그러지. 어깨동무하고
갔어. 근데 전주 시내를 가면 남학생이 저쪽에서 올 거
아니냐. 눈이 마주치잖아. 그러면 저쪽 남학생은 가만히
있는데 우리가 남학생들 이름표를 보고 이름을 부르고
그랬다. 여자 깡패처럼. 어렸을 때 재미있게 살았어.
잘나가는 학생이었어."

　　사회 활동도 열심히 했다. 그 시절에 고등학생은
요즘으로 치면 대학생이나 마찬가지였다. 학교 다니는
사람이 별로 없을 때였다.

　　"하루는 같이 전북여고 댕긴 (남원군) 인월면에 사는

박영자가 우리 집을 왔어. '여성동맹 그거 해보꺼나'
그래. '여성동맹이 뭔데?' 그랬어. 친구가 '집집마다
다니면서 사람들 모아놓고 연설하고 그래, 재밌어'
그러더라. 그래서 여성동맹위원장을 한다고 사람들
모아놓고 두 번인가 연설 했나? 우리 집보다 더 시골
산골에 들어가서 산에 아무것도 한글도 모르는 사람들
모아놓고 이야기했어. 사람들 한 서너 명인가. 촌에 뭔
사람이 있냐. 인공(1945년 조선건국준비위원회가
선포한 뒤 와해된 조선인민공화국) 때니까 사람들 없지.

그러다가 열아홉 살에 명륜학원(지금 전북대학교)
법과에 들어갔어. 왜 법과에 관심을 두게 됐냐면,
《법정》이라는 월간 잡지가 나와. 법에 대해서 쭉
나오는데, 그게 그렇게 재미가 있더라. 그걸 그렇게
많이 보니까 집에서 나를 두고 '이거 아무래도 보통은
아니다. 법 공부 해서 변호사 돼라. 여변호사 돼라'고
했어. 큰오빠도 '우리 한국에 여변호사가 없으니까
여변호사 해라' 해서 들어갔어. 그래서 그런다고 했어."

한국전쟁과 어머니의 죽음, 빼앗겨 버린 꿈

"그런데 스물한 살에 육이오가 터져서 전주에 있다가

(남원군) 아영면으로 갔어. 아버지가 큰 미음자로
사랑방, 창고 같은 걸 지어 넣은 기와집을 좋게 거기에
해놨어. 거기 가서 살았어. 그때 돈 이천삼백만 가지고
기와집 좋은 거, 대문간 있고, 울타리, 옛날에는 나무
울타리 해서 까만 칠을 했어. 까만 칠한 울타리 이렇게
놓고. 오빠가 농림 학교를 나와서 집에 없는 나무가
없어. 야자수, 밤나무, 매화나무, 또 복숭아나무,
배나무 이런 게 집에 많았어. 오빠 둘이 있었거든. 오빠
하나는 아영초등학교 부교장이고, 다른 오빠는 학교
선생이고. 잘살었어."

여성동맹 위원장을 할 만큼 당차고 소신 있던 엘리트
여성 박순애의 인생은 한국전쟁과 어머니의 죽음을
기점으로 요동치기 시작했다. 가장이던 어머니는
박순애가 또래 여성들하고 다르게 활개 치며 살 수 있는
공간을 보장했다. 그러나 한국전쟁이 터지고 어머니가
세상을 떠나면서 박순애의 삶에 허락되던 공간은
급작스레 닫히기 시작한다.

"나 태어난 지 3주 만에 아버지가 작은각시 얻어서
부산에서 한약방 하면서 그 여자하고 살았거든. 엄마는
우리들 데리고 큰오빠하고 전주에서 살고. 근데 엄마는
작은각시한테 욕 한마디도 안 하는 순하디 순한

엄마였어. 작은각시한테 나쁜 년이랄지 그런 말을 할 거 아니여. 그런 욕 한마디도 안 해. 우리 엄마는.

큰오빠가 한 달에 한 번씩 아버지한테 가서 생활비를 타오지. 쭈우욱 종이에다가 적어 가지고 가. 뭣이 얼마, 뭣이 얼마. 순애가 뭐, 학교에 돈 얼마 가져가고, 얼마 가져가고. 돈 쓴 내용 적힌 종이를 싸악 똘똘똘 말고 아버지 앞에다가 차악 펴. 하하하. 그러면서 큰오빠가 '아부지, 이렇게 썼소. 보시오' 그러면, '망할 놈 지랄한다. 망할 놈' 아부지가 그러고. 그래도 아부지는 우리한테 돈 주는 걸 좋아했대. 큰오빠가 그래. 계모는 안 좋아해도 아부지는 큰오빠가 가면 삐긋삐긋삐긋 웃으면서 좋아 갖고, 막 그랬지.

그런데 엄마가 스물한 살 때 육이오 지나고 돌아가셨어. 스물한 살 때까지는 참 내가 귀여운 사람으로 자랐어. 우리 엄마가 나 살짝도 안 때리고 키웠어. 나는 인제 전주에서 명륜학원 댕기느라 큰오빠네 집에서 살고, 방학 때는 엄마 사는 남원군 아영면에 가서 살고. 아무튼 그렇게 학교 댕기면서 살고 있는데, 우리 엄마가 가슴앓이가 있어. 가슴앓이가 올라오면 막 장정이 눌러야 해. 안 그러면 아편 주사를 맞아야 해. 아편 주사 놓는 의사가 우리 옆

동네 살거든. 그런데 그 사람이 오기가 늦었고, 또 인부들이랑 머슴들이 들에 나가고 없고, 엄마가 혼자 있었고. 그때 엄마가 가슴앓이가 올라와서 돌아가셨어.

긍게 가장 엄마가 있어야 할 때 엄마가 돌아가셨어. 엄마가 돌아가시고 나니까 아버지 한약방 하는 것도 나한테는 아무 덕이 안 되고.아버지한테는 새 부인이 있으니까 거기 있어도 있기가 싫고 눈치보고 있고. 식모보다 나를 더 일을 시키려고 환장을 하고. 큰오빠가 전주 도청에서 과장 하면서 부자로 사는 것도 나한테는 덕이 안 돼. 큰오빠네 집에 있는 것도 거북하고. 엄마 하나 없으니까 나한테 다 눈칫밥이여, 눈칫밥. 육이오 전까지 2년 동안 명륜학원에서 공부를 했는데, 인민군이 들어와버려서 학교를 못 다녔잖아. 그러다가 다시 다니는데 내가 돈을, 학비를 타가는 날은 언니하고 오빠하고 싸우는 거야. 그래서 그냥 치사해서 학교 안 다닌다고 했어."

전쟁은 주로 남성의 경험으로 구성된다. 그렇지만 전쟁은 일정한 구역에서 무기를 든 남성 군인들이 벌이는 게임이 아니다.[*] 전쟁은 전투 공간 밖에 있는

* 김현아, 《그녀에게 전쟁》, 슬로비, 2018. 9쪽.

여성들의 삶도 바꿔놓는다. 박순애가 겪은 전쟁이 그랬다. 그때는 드문 엘리트 여성 박순애는 한국전쟁 때문에 여성 변호사가 될 수 있는 기회를 놓쳐버렸다.

어머니의 죽음도 박순애의 운명을 바꾼 사건이었다. '남편·남자 형제·아버지의 죽음은 가부장제 사회에서 여성들이 갖는 지지 기반과 자원이 박탈된다는 의미다.'* 남성인 아버지가 없어 지지 기반이 박탈될 뻔한 박순애를 어머니는 든든하게 지원했다. 어머니가 돌아가신 뒤 박순애는 천덕꾸러기 신세가 됐다. 이 사람 저 사람에게 떠넘겨지다가 학업까지 그만둬야 했다. 엎친 데 덮친 격으로 자기를 뒷받침하던 가족이 모두 흩어져 완벽히 혼자가 됐다.

이렇게 저렇게 살다보니 서른일곱 살이 됐어

"객지로 나왔는데 대전 양주장이 있어. 거기서 스물네 살 때 양주장에서 경리를 봤어. 한 5, 6년 봤나. 그때 처음 쌀을 씻어본 거야. 방 얻어가지고 자취 생활을 했어. 객지 생활을 많이 했지.

* 김현아, 《그녀에게 전쟁》, 슬로비, 2018. 39쪽.

부산 가서 살기도 했어. 그런데 부산에서 아무 일도 못해. 아버지네 집에 방직 회사 사장 부인도 오고 과장 부인도 오고 하니까, 그 사람들한테 나 사무원으로 넣어달라 하면 문제없이 넣어줘. 내가 사무 보는 실력은 있거든. 근데 아버지가 여자가 취직하면 바람난다고 말려서 못 갔어. 우리 집이 얼마나 엄했냐면, 파마가 한창 유행이어서 나도 파마를 했거든. 근데 일주일 수건을 쓰고 있었어. 아버지 밥 먹을 때는 아버지하고 한 상에서 같이 먹어. 근데 파마한 거 보면 아버지가 매번 되게 뭐라고 했으니까 일주일을 수건 쓰고 밥을 먹었어. 하이고 말도 말아라.

서른한 살에 아버지 돌아가시고 나서는 딴 데 안 가고 부산 영도 신성동에 방을 얻었어. 전세방인데 15만 원. 아버지 돌아가시고 나서는 계모가 나 결혼시키려고 애를 쓰겠어? 심지어 큰오빠네 집이 전주에서 잘살다가 팍 망해버렸어. 언니가 계를 잘못해서. 망해가지고는 전주 구석데기에 가가지고 방을 한 칸 얻어서 보리밥만 삶아서 먹을 입장이라. 거기다가 도청 다니던 큰오빠가 오일륙 쿠데타 뒤에 대기 발령이 났어. 그렇게 집이 망해가가지고 내가 큰오빠한테 가겠어, 어쩌겠어. 망하기 전에 큰오빠가 한다는 말이, 다방을 하나

해준다든지 미장원을 하나 차려줄 테니까 그걸 하고
적당한 사람 나올 때까지 혼자 살아봐라 그랬거든.
근데 그 말 떨어지자마자 오빠네 집이 망해버렸어.
그래서 나 혼자 아버지 돌아가시고 나서 부산에 살기로
결심을 했지.

　방을 하나 얻어가지고 이제 하야리아 미군 부대
(해방 뒤 부산 서면 근처에 생긴 주한 미군 기지.
2011년 부산시민공원이 됨)에서 양키 물건이 나와.
커피도 나오고 화장품도 나오고, 나오는 루트를
내가 알았어, 뚫었어. 거기서 나오는 양키 물건을
받아가지고 가정집으로 팔았지. 그거는 공공연하게
못 팔아, 미제라서. 가정집에, 아는 집에, 도청 다니는
부인이랄지 좀 돈이 있는 사람, 그런 사람한테 가서
살짝 누구보다도 싸다 해가지고 팔아. 그러면 사람들이
날 믿고 사줘. 나도 외상이 딱딱 들어오니까 학교 선생
부인이랄지 그런 집에 댕기면서 팔면서 이야기도 하고
밥도 얻어먹고 그러고 댕겼어. 내가 깔끔하게 하고
댕겼어.

　대한교육보험 회사도 댕겼는데, 적은 올려놨어도
화장품 장사 해서 밥 먹고 살았어. 사람들이 나한테
보험을 안 들었어. 왜냐하면 보험이라는 건 내가 환경이

좋고 부자고 그러면 나를 믿고 들어요. 그런데 집도
절도 없는 나한테 누가 보험을 넣어주겠어. 그러니까
보험은 안 되니까 그거는 댕기나 마나 하고, 그 미제
장사 하면서 산 거야. 명도시장에서 생선 장사를
해볼까 생각도 해서 시장 돌아다니면서 눈여겨보고
댕겼어. 그랬는데 나는 생선 장사도 소질이 없을 거
같아. 그래서 아이구, 화장품 장사 하다가 이제 보니까
서른일곱 살이 됐어."

일본으로 결혼을 허락해 버렸어

전쟁과 어머니의 죽음으로 여성 변호사가 될 수 있는
기회도 놓쳤고, 가족도 뿔뿔이 흩어졌으며, 부잣집
막내딸로 살다가 경제적 위기에 내몰린 박순애가 할 수
있는 마지막 일은 결혼이었다. 결혼은 이렇게 밀려난
여성들이 생존할 유일한 통로였다.

"서른일곱 살 다 된 가을에 부산 신성동 동사무소
뒤에 큰 마당 있는 거기서 살았거든. 우리 동네에
일본에서 살던 남자 교포가 왔어. 그 교포네 남동생집이
그 동네에서는 제일 잘살아. 부잣집이야. 그 교포네
며느리가 적당한 어머니뻘 되는 분 좀 소개해주세요

하고 편지를 했어. 내가 배우기도 했으니까 교포네서 나를 찍었어. 나하고 결혼을 시키려고 늙은 할머니가 나를, 우리 집에 두 번 세 번 오고, 잘 생각해보라고, 가보면 나쁘지는 않을 거라고 그러면서. 데이트를 두어 번 했어. 부산 송도, 태종대에서 둘이 이야기하면서.

내가 어렸을 때는 결혼하기 싫었지만, 또 그 남자가 마음에 들고 안 들고 간에 그때는 큰오빠가 바싹 망했잖아. 또 진해에 작은오빠가 살았어도 과일 장사 하면서 사느라 가난했지. 내가 어디 의지할 데가 없어. 나를 결혼시켜 주려는 사람도 없고. 그래 가지고 내가 허락을 해버렸어. 간다고, 일본에 간다고. 일본에 가서 돈이나 좀 벌자 하고. 내가 확답을 하니까 반지를 세 돈짜리를 그 영감이 해주대. 그것도 그 영감 가고 나서 돈이 없어서 팔아먹어버렸어. 그런데 일본 가는 데 2년 걸렸어. 그때는 일본 가기가 그렇게 어렵더구만. 일본 쪽에서 서둘러가지고 영사한테 돈을 좀 주어가지고 가기로 했어. 마흔 살 되는 해에, 양력으로 1970년도 8월 31일에 일본을 갔어. 그 남자 이름은 김윤경이야.”

박순애는 이어질 일들을 이렇게 회고한다. ‘후회’라는 단어로 요약한다.

“일본에 간 거를 후회를 막심하게 했지. 일본에

갔다 나온 것도 후회하고, 일본에 애당초 가지 말 거를 (가기로) 한 거를 후회하고. 두 가지로 후회를 했지."

일본행은 박순애의 삶을 결정적으로 바꿔놓았다. 그 시대에 결혼을 하면 남성은 사회적 경제적 기반을 갖춘 상태로 신부를 맞이해야 했다. 반면 남성이 사는 곳으로 시집을 가야 하는 여성은 새로운 곳에서 새 삶을 살아야 했다. 남성에 견줘 여성의 결혼은 삶의 연속성을 유지하기 어려웠다. 다른 나라로 결혼 이주를 해야 하는 박순애는 더더욱 어려웠다.

전후 한국은 식민 지배와 전쟁 때문에 피폐한 나라를 재건해야 했다. 고도성장기를 지나면서 그 기회를 잡아 성공한 사람도 많았다. 고도성장의 혜택은 남성이나 가족을 꾸린 사람들에게 주로 돌아갔다. 여성인데다가 가족이 뿔뿔이 흩어진 박순애는 상관없는 이야기였다.

한국 최초 여성 변호사를 꿈꾸던 법대생 박순애는, 생계를 위해 단순 사무직인 경리부터 미군 부대에서 흘러나온 물건을 떼어다가 파는 방문판매원까지 됐다. 사회적 지위와 직업 안정성은 지속적으로 하강 곡선을 그렸다. 일본에 가서 돈이나 좀 벌까 하던 박순애의 생각은 뒤집으면 조국에서 고도성장의 혜택을 받을 수 없다는 자각이기도 했다.

전쟁 때문에 학업 기회를 잃었고, 아버지 구실까지
하던 어머니가 돌아가시면서 가족 안에서 이리저리
떠밀렸고, 여성이라서 기회에서 배제됐다. 그러다
살아남으려고 재일 교포를 만나 결혼을 선택했다. 이
작은 일들이 모여 박순애는 일본으로 건너갔다.

조총련이라는 한마디

박순애가 조작 간첩이 된 직접적인 계기는 일본에서
재일본조선인총연합회(조총련) 회원 집에 머무른 적이
있기 때문이었다. 불법 체류자 신분이 돼 한국으로
귀국한 뒤 중앙정보부에서 조사를 받다 나온 말이었다.
군사주의 정부가 들어선 한국은 조총련이라는 한 단어
때문에 박순애를 조작 간첩으로 만들었다.

결혼 때문에 일본으로 건너가지 않았거나 한국에서
변호사로 살았으면 박순애의 삶은 완전히 달라질 수
있었다. 여성이 아니라면 살 수도 있던 여러 삶들을
생각하느라 박순애의 인생을 반대로 돌려보게 된다.
박순애가 여성이라서 조작 간첩이 됐다는 이야기는
아니지만 말이다.

거대한 사건들은 사소한 사건이 흐르고 흩어지고

모이면서 만들어진다. 사소한 사건이 그다음 사소한 변곡점을 만들면서 사소한 일들의 연속은 거대한 사건이라는 결과로 이어진다.

국가 폭력이라는 거대한 남성 언어에 견줘 간첩이 되기 전 박순애가 겪은 일들은 사소해 보인다. 여성의 시각과 경험으로 박순애가 조작 간첩이라는 국가 폭력을 만나게 된 이유를 생각해본다. 시대적 상황 말고 다른 이유들을 상상할 수 있다. 그래서 박순애의 삶에서 여성이라는 키워드가 중요하다.

정답이 아니라
대답이 듣고 싶었다

박순애 이야기를 사회과학적으로 탐구하는 일 말고는
내가 박순애의 삶에 연결된 접점이 없었다. 그나마 찾은
사회학적인 렌즈에 걸맞은 단어는 여성이었다. 그런데
완성한 글을 다시 보니 대화가 없었다. 이야기를 충실히
듣고 기록하는 분석일 뿐이었다.

　박순애가 원하는 기록 방식이었다. 박순애 이야기를
듣고, 옮겨 적고, 박순애의 삶이 사회적 맥락에서
소용돌이친 과정을 설명하는 글이었다. 박순애의 말에
충실하게 대답하고 정확하지 않은 사실 관계를 묻는
일도 해야 했다. 내가 원하는 기록 방식은 아니었다.
나는 대화를 원했다. 박순애의 이야기를 곱씹을수록
내가 할 수 있는 일은 너무나 명확했다.

　깜빡이는 커서를 쳐다보며 내 머리 속에는 박순애의
한 마디만 박혀 있다는 사실을 인정해야 했다.

　"너 책 써봤냐?"

목적이 다른 우리 둘

이 책은 잘 써야 했다. 박순애가 온전히 자기 기록을
남기고 싶어해서 시작된 기록집이기 때문이었다. 이미
출간된 《폭력과 존엄 사이》에 다른 인물들하고 함께
기록됐지만, 박순애는 자기 이야기가 오롯이 책 한
권으로 남겨질 가치가 있다고 생각했다. 그런 박순애는
20대 후반인 내가 불안할 터였다. 단순히 글쓰기
경력을 묻는 질문이 아니었다.

　잘 쓴 책은 글을 쓴 이유와 주제가 명확하다. 목적이
없고 명확하지 않은 글은 기억에 남지 못한다. 내가
원하는 글쓰기와 박순애가 원하는 글쓰기가 충돌하는
혼란스러운 모습이 날 것 그대로 드러난다면 잘 쓴 책이
아니다.

　삶의 기록과 삶을 향한 질문. 박순애와 나는 만남의
목적이 달랐다. 박순애는 이 책을 내서 자기 이야기가
잘 남겨지기를 바랐다. 나는 박순애의 삶 자체보다는
박순애가 고통 속에서 살아오며 버텨낸 그 힘이
궁금했다. 어떻게 하면 울면서도 살아갈 수 있을까
알고 싶었다. 나는 헤매는 중이니까 박순애에게 물어볼
이야기들이 가득했다. 박순애를 만나 나눌 이야기가
절실한 사람이었다.

내가 묻고 싶은 질문을 던지면서 박순애하고 대화를 할 수는 없을 듯했다. 충돌 사이를 줄타기하는 기록을 하면 된다고 조언하는 사람도 있었다. 그런데 그런 기록은 해본 적이 없었다. 내 목적만 밀어붙인 글은 기록자의 윤리에서 벗어난 일 같았다. 그렇지만 내 목적을 포기할 수 없었다. 냉정하게 판단해야 했다.

할 수 있는 일이 듣기뿐이라면, 질문하기가 허락되지 않는다면, 나보다 연구자가 적임자일 테다. 박순애는 욕망이 크니까 그 욕망에 잘 응답할 사람이 필요하다는 결론을 내린 뒤, 기록을 포기하기로 마음먹었다.

타인의 삶을 이해할 수 있을까

삶이 알고 싶었다. 산전수전 다 겪은 박순애에게 많은 이야기를 물어보고 싶었지만 박순애의 삶을 알아듣는 일조차 어려웠다. 대화가 가능하지 않은 이유는 내가 박순애의 삶을 살아본 적이 없기 때문이었다. 처음에는 박순애의 이야기를 다 듣고 나면 박순애의 삶을 이해할 수 있을지도 모른다고 생각했다. 그렇지만 시간이 더 흐를수록 확신이 점점 사라졌다. 박순애의 이야기에 파묻혀 자료들을 뒤적이고 녹취록을 다시 돌려봐도 내가 박순애의 말에서 뭔가를 더 건져 올릴 수 없었다.
박순애와 내 삶이 너무 달라서 나는 그저 그 말을 옮겨
적는 일만 할 수 있을 뿐이었다.

　이야기 들을 때마다 놀랐다. 박순애의 입에서 쏟아져
나오는 말들이 몹시 놀라워서 멍하니 바라봤다. 아무런
생각도 할 수 없는 순간이 이어졌다. 나중에는 타인의
삶을 이해한다는 일이 가능한지 계속 질문했다.
박순애가 겪은 일들을 듣고 건넬 수 있는 말이 아무것도
없었다. 말을 끊고 질문을 던지기가 어려웠다.

　처음에는 타고난 시대가 다른 탓이라고 생각했다.
박순애의 시대를 알면 박순애의 삶을 이해할 수 있다고
생각했다. 간극을 메우려고 열심히 자료를 뒤적이고
기록을 읽었다. 그렇지만 그 시대를 알아갈수록
박순애와 나 사이의 거리감은 더욱 확연해졌다.
박순애의 시대는 내가 사는 시대하고 너무 달랐다. 그
시대를 알아갈수록 박순애의 이야기는 그 시간에
갇혀서 흐를 생각을 하지 않았다. 박순애의 이야기는
그 시대에서만 이해될 수 있는 이야기로 들렸다.
이야기가 내 속으로 들어오기를 거부했다. 박순애와
나는 다른 나라에 사는 사람 같았다.

　박순애의 삶을 이해하지 못하는데 어떻게 질문을

던지지? 책상에 쌓인 자료 더미를 쳐다봤다. 그저 박순애의 이야기를 듣고 싶다고 달려들었을 뿐 다른 사람의 삶을 이해하기 위해 무엇을 할지 생각하지 않았다. 나는 진실을 알아내야 하는 수사관도 아니고 반드시 책을 내야 하는 작가도 아니다. 박순애에게 물어보고 싶은 사람일 뿐이었다. 질문의 정답이 아니라 대답이 듣고 싶었다.

박순애에게 회사 일 때문에 바빠서 이 일을 못하게 됐다고 말하기로 했다.

세상에!
저기 위에 뻘건색이 있는 거야

박순애 집에 두 번째로 찾아갔다. 집에 도착하자마자 작업을 못하게 됐다고 말하려 했다. 박순애는 나이가 많지만 여덟 시간 넘게 이야기할 수 있을 정도로 기력이 엄청난 사람이었다. 자칫 잘못하다가는 말도 못 꺼내고 이야기만 듣다가 집에 올 수도 있기 때문이었다.

집에 들어선 순간부터 밀렸다. 박순애는 이야기할 시간을 주지 않았다. 보자마자 밥 이야기부터 꺼냈다.

"왔냐? 밥 먹었어? 안 먹었지. 불고기 재워놨으니까 먹어."

할 말만 하고 도망가려 했다. 서울 가는 기차표도 두 시간 뒤로 예약한 상태였다. 밥을 먹으라는 말을 차마 거절할 수 없었다. 어차피 마지막인데 밥은 먹고 가도 괜찮다고 생각했다. 밥을 먹고 이야기를 한 다음에 집에 가야겠다고 계획을 바꿨다.

또 와, 언제든지 기다린다

박순애 친구가 해준 불고기와 마늘종볶음에 고봉밥을
먹었다. 박순애 친구, 나, 박순애까지 셋이서 먹었다.
박순애는 밥 먹는 내내 반찬을 평가했다. 이건 맛있네,
저건 별로네, 짜네, 반찬을 해다 준 친구가 성질을
내면서 저 할머니는 성질이 더러워 요양원에서도
안 받아준다고 했다. 박순애 친구와 나는 미친 듯이
웃었다. 귀가 잘 안 들리는 박순애는 친구가 하는 말을
알아듣지 못했다. 그냥 웃었다.

　밥을 다 먹고 밥상을 치웠다. 박순애는 한 주먹이나
되는 약을 나눠서 꿀꺽꿀꺽 삼켰다. 그러더니 말했다.

　"졸리니 자야겠다. 이야기하는 건 나 자고 일어나서
하자."

　말할 기회가 없었다. 말하고 기차 타러 가야 하는데
그럴 수 없었다. 속이 탔다. 박순애 친구가 너도 자라고
하면서 이불이랑 베개를 꺼냈다. 할 수 없이 누웠고,
박순애 친구는 잘 자라면서 목까지 이불을 덮어줬다.
그러더니 성경을 꺼내 필사를 시작했다. 중얼중얼 성경
읽는 소리, 사각사각 글 쓰는 소리, 박순애 코 고는
소리, 에어컨 윙윙 돌아가는 소리, 밖에 차 다니는
소리가 들려서 좋았다. 박순애랑 박순애 친구랑 밥을

함께 먹고 이불까지 깔아줘 좋았다. 말하고 나면 이 좋은 순간이 깨져버릴 테니까 타협했다. 못하겠다는 말은 미루고 일단 잠을 잤다.

자고 일어나도 해야 할 말은 사라지지 않았다. 급한 일이 생겨 서울로 가야 한다고 둘러대고는 박순애 이야기는 듣지 않았다. 박순애는 이야기를 듣지 않고 가는 이유를 묻지 않았다. 나를 배웅하면서 또 오라고, 언제든지 기다리고 있겠다고 했다.

기다리겠다는 말은 무거웠다. 박순애가 내 마음을 눈치챈 걸까 두렵고 부끄러웠다. 누군가의 삶을 듣고 정리하고 대화를 나누는 일이 얼마나 무거운지를 시작하기 전에는 알지 못했다. 알지도 못하면서 남의 삶을 듣고 대화하고 싶다며 덤벼들었다는 생각이 계속 나를 짓눌렀다.

마음을 바꿨다. 들은 것까지만 정리하기로 마음을 먹었다. 기다리겠다는 말 때문이었다. 박순애가 나를 기다리는지, 내가 정리한 이야기를 기다리는지는 확실하지 않았지만, 기다리겠다는 말을 외면할 수 없었다. 갈팡질팡하면서 욕심을 버리지 못했다. 만남의 목적인 박순애 기록하기를 우선해야 한다고 정하면서도 내 목적인 대화를 온전히 버리지는 못했다.

할머니 이야기 듣는 애

쓰기로 결심은 했는데, 남은 녹취록을 풀지도 못하고
책도 읽지 못했다. 우울과 무기력이 더 심해졌고, 크게
앓기도 했다. 쓰지 못하면 어떻게 하느냐는 공포는
우울과 무기력에 끊임없이 양분을 댔다. 생각나서 쓰지
않고 쓰기 위해 생각하는 듯해 노트북 앞에서 착잡한
심정으로 몇 시간을 보내기도 했다. 한 줄도 쓰지 못한
날도 많았다.

박순애의 삶과 역사에 나는 압도됐다. 박순애의 삶을
이해하려고 말 하나를 몇 시간 동안 생각한 뒤 글을
썼지만, 억지로 짜낸 티가 났다. 답답할 때면 전화를
걸었다. 박순애는 나를 잘 기억하지 못했다. 나를 보통
'작가 양반'이라고 기억해냈는데, 그 호칭이 쑥스러워
'할머니 이야기 듣는 애'로 바꾸고는 했다.

호칭만 바뀐 건 아니었다. 인터뷰 중에 내가 힘들어
보이면 이불 깔고 누워서 자라, 배고프면 이야기하라며
늘 긴장을 풀어주려 애쓰던 박순애에게 나도 모르게
반말을 하고 있었다. 처음 반말을 쓴 순간 아차 했지만
박순애는 딱히 지적하지 않았다.

통화는 별것 없었다. 식사는 잘 하시는지 약은 잘
드시는지 아픈 데는 없는지, 시답잖은 이야기들을

주고받았다. 박순애는 언제 오냐고 계속 물었지만
나는 대답하지 않았다. 가끔 '몇 월 며칠에 갈게'라고
답하면 박순애는 '몇 월 며칠에 오기로 했지?' 하면서
날짜를 정확히 기억했다. 그렇지만 이야기를 듣는 일이
부담스러워서 약속을 계속 미뤘다. 몸이 좋지 않아서
다니지도 않는 회사 핑계를 대며 못 간다고 말했다.
박순애는 그때마다 말했다.

"그려? 아, 언제든지 와. 기다리고 있을겨."

타인의 세계로 건너가는 통증

지금 겪는 '앓음'과 '쓰기와 질문하기에 관한 두려움',
'박순애의 삶에 관해 아무것도 모른다'는 고통과
두려움은 내가 살아온 세계에서 벗어나 타인의 세계로
건너가는 필연적인 통증일지 모른다는 생각이 들었다.
이야기에 압도돼 겁에 질려 있던 시간들은 나를 박순애
이야기에 머물게 했다. 박순애와 내 삶의 연결점을
찾아 헤매던 시간, 한 줄도 쓰지 못하던 시간들이 나를
붙잡은 덕에 박순애가 내뱉은 한숨까지 곱씹게 됐다.
그러다 보면 잠깐 대화가 되기도 했다. 생각이 여기까지
미치자 조금은 힘이 났다.

말을 주고받는 일만 이야기가 아니라 박순애에게 말을 걸어보려는 시도도 이야기일 수 있었다. 박순애의 목소리가 들려주는 낯선 이야기들의 틈에서 익숙하지 않은 것들을 들여다보고 다른 세계를 산 박순애와 나 사이의 접점을 찾으려는 시도가 대화의 첫걸음일지도 몰랐다. 박순애와 내가 대화를 하지 못한다고 해도 내가 박순애의 삶하고 대화를 해보려 한 사실 자체는 사라지지 않는다.

용기를 내 전화를 걸었다. 박순애가 받았다.

"할머니, 나야, 혜미."

"누구야?"

"할머니, 저번에는 내 이름 말하면 알아듣더니 이제 또 몰라? 나 서울에 사는 애, 할머니 이야기 듣는 애야. 7월 15일에 가려고, 괜찮아?"

"아, 너냐? 그래 와라. 저번에 내가 바쁘니까 나중에 전화하라고 했더니 하지도 않더니."

"깜빡했어. 건강은 좀 어때? 찾아오는 사람도 많고?"

"아, 나 여기 찾아오는 사람, 좋은 사람 많어. 누군지 알려주면 니가 아냐. 어차피 광주 사람인디."

"난 할머니 걱정되니까 그렇지. 그럼, 나 7월 15일에 갈게."

"알았어. 여기 와서 열흘이고 한 달이고 있어도 된다."

"응, 할머니, 그때 갈게."

약속한 날 광주로 내려갔다. 벨을 눌러도 인기척이 없었다. 박순애가 전화로 알려준 비밀번호를 눌렀다. 들어갔더니 박순애는 코를 골며 자고 있었다.

박순애의 잠든 얼굴을 관찰했다. 누워 있는 사람의 얼굴이 늘 펑퍼짐하듯 박순애도 그랬다. 도대체 뭘 먹는지 자면서 입맛을 끊임없이 다셨다. 주름도 많았다. 골짜기 같았다. 코 고는 소리도 시끄러운데 깨지 않아서 신기했다. 그러다가 박순애가 눈을 번쩍 떴다.

"언제 왔냐? 밥 먹었냐?"

냉장고에 무슨 반찬이랑 고기랑 국이 있다면서 꺼내 먹으라고 했다. 박순애에게는 이야기보다 밥이 더 중요해 보였다.

배고프지 않았지만 밥 먹으라는 말이 듣기 좋았다. 거절하지 않고 밥을 먹었다. 다 먹으니까 박순애가 이야기를 하겠다고 했다. 그 말에 긴장돼 자세를 고쳐 앉았다. 일본행을 정리하던 때라 일본 이야기를 더 해달라고 했다.

시집왔는데 식모처럼 부려먹어

박순애가 결혼한 사람은 김윤경이었다. 집안사람들은
박순애를 가족으로 여기지 않았다.

"그 집에서 나를 일 시키려고 데려왔지 아버지
부인으로 데리고 온 것이 아냐. 큰며느리, 작은며느리,
둘이 있어. 구두 공장을 해. 수선을 하는데, 즈그
아버지하고 나하고는 구두 본을 따는 일을 시켜놓고
자기들은 놀더라고. 화가 확 났어. 내가 일본을
왔더라도, 너희 집에 시집을 왔다고 하더라도, 식모로
왔냐. 그래도 나한테 부모 글자가 붙는데 즈그는 놀고
있고. 술 처먹고 놀고 노래 부르고."

가만히 있을 박순애가 아니었다.

"화가 나서 나를 데리고 온 여행사 사장 마츠바한테
갔어. 도저히 못 살겠다. 아주 싸가지들이 없다고
그랬어. 한국에서도 고생하고 왔는데 일본까지 와서
고생할 이유가 뭐냐면서. 그 집에서 나왔어. 이혼도
정식으로 안 하고 나와버렸어. 그니까 불법 체류자가 된
거지. 그 집에 살 때는 아무렇지 않았는데, 나오자마자
불법 체류자가 된 거야."

마츠바가 소개해서 후쿠오카 현 후쿠오카에 있는 큰
불고기 집에서 일하게 됐다. 두 달 뒤에 그만뒀다. 일이

박순애와 가미모도 가츠코. 휠체어에 앉은 가츠코는 박순애가 일본에서 친하게 지낸 강아세의 어머니다.

너무 고됐다. 박순애는 일자리를 찾아 다른 곳으로 또 이동했다. 마츠바는 효고 현 고베에 있는 오리엔탈 택시 회사의 강길장 사장을 소개했다. 1971년 겨울이었다.

"강길장네 집으로 가게 됐어. 그 집에 딸 둘, 마사요 상(강아세)이랑 기미코 상이 있었지. 나는 강아세랑 많이 친했어. 강아세도 나처럼 아이가 없었고, 이야기가 잘 통했지."

강아세와 그 가족은 박순애가 일본에서 살아가는 버팀목이었다. 일자리 구하느라 애먹을 때 박순애를 도와준 사람들이었다. 또 다른 직장인 에딘버러 호텔도 강아세의 엄마인 가미모도 가츠코가 이야기를 넣어서 구해줬다.[*] 박순애는 에딘버러 호텔에 안내원으로 취직했다. 일이 고되기는 마찬가지였다.

"거기서는 1년 있었거든. 아이고, 야근이 3교대야. 아침 여덟 시에 들어가면 아침 여덟 시에 나오고 도중에 들어가면 밤 세 시에 나오고. 아침에 여덟 시에 간 사람이 야근을 하게 돼. 너무 힘들어. 또 호텔에서 주는 밥이랑 반찬이 영 못 먹어. 단호박이 이렇게 생긴 거 쪄서 사라(그릇)에다가 넣고 도마도(토마토) 한 조각

---

[*] 가나자와 기미코, 2009년 12월 7일 진술, 진실화해를위한과거사정리위원회 자료.

먹고 밥을 먹어야 해. 한국 사람이 그런 일본 반찬을 먹겠냐. 한국 음식만 생각나고. 그래도 다 잊고 일만 하려고 했지. 월급은 10만 엔. 많이 받았어. 돈도 좀 모았어. 근데 너무 힘들어서 도저히 못 있었어."

박순애는 에딘버러 호텔에서 3분 거리에 있는 고죠 호텔로 옮겼다.

"고죠 호텔은 아침 열 시에 출근을 해서 오후 여섯 시에 퇴근을 해. 아침에 일어나면 얼굴이 부시부시해. 그러다가 가서 두 시간만 뛰면 쏙 살이 빠져버려. 날씬해. 살 빠질라면 호텔 안내원 해야겠어. 하하하. 스카프 딱 입고, 정복 딱 입고. 일본 애들이 그랬어. 마츠오카 상(박순애의 일본 이름), 마짱은 피부가 희고 그러냐고.

내가 돈이 있으니까 방 하나를 얻었어. 근데 일본은 보증인이 있어야 방을 주거든. 기미코 상이 일본말 빼라빼라 잘하니까 나를 데리고 가가지고 얻어줬어. 거기서 자고 그랬지. 그래 가지고 내가 먹고 싶은 거 해서 먹고 살았지. 고죠 호텔에서 딱 1년 있었어. 1년."

고죠 호텔도 야근이 많았다. 에딘버러 호텔보다는 나았지만 힘들기는 매한가지였다. 박순애는 강아세에게 또 일자리를 부탁했다. 얼마 뒤 강아세의 남편 김우신이

좋은 사무직 일자리가 있다면서 박순애에게 가나가와
현 요코하마로 오라고 제안했다.

좋은 사무직 자리가 있다고 해서 갔더니

"어떤 직장이냐고 물으니까 아홉 시에 사무처에서 전화
받고 메모를 해놨다가 오후에 누가 오면 그거를 그대로
보여주고 다섯 시에 퇴근하면 된다는 거야. 그렇게 편한
일이 어디 있냐. 세상에는 그렇게 편한 일이 없재. 남
눈치 볼 것도 없고 나 혼자만 있는데, 직장 생활은 대인
관계가 고질이거든. 그런데 나 혼자 있는다고 하는데
그렇게 좋을 수가 없어."

박순애는 그 일을 하기로 한다. 고죠 호텔에서 같이
일하던 사람들은 작별을 아쉬워했다. 가지 말라며
탁상시계를 선물하고 옷도 한 벌 줬다. 박순애는 그
사람들을 아직도 잊지 못한다고 했다.

"요코하마에 좋은 직장 있다고 하니까 갔잖아. 갔어.
가서 보니까 그림이 조총련 집이야. 김일성 사진이
조만하게 딱 저렇게 높은 데다가 붙어 있고. 갔더니!
빨간색이여. 어쨌건 그 집에서 가만히 눈치를 보니
보통이 아니야. 나를 감시하고, 어디를 혼자 절대 안

보내고, 목욕을 가도 주인 여자가 데리고 가고. 나를
감시를 해.

뭔가 있다. 그래 가지고 이제 직장이 어디냐 하니까
여기서 10분도 안 걸린다고 그래. 그럼 언제 직장에
가냐 하니까, 한국에서 와 고생도 많이 하고 그랬는데
조금 쉬었다가 직장 생활하지 뭐가 급하냐 그런단
말이야. 나를 생각하는 말이지. 그래서 그런갑다 했지.
그런데 가만히 보니까 직장에 보낼 생각도 없고 그런
직장이 있는지 없는지도 모르겠어.

사나흘 뒤에 이 씨 남자가 드나들었는데, 그 집
부인이랑 둘이 대화하는 걸 우연히 들었어. '잘 타일러
봅시다' 그래서 나를 이용하려 하나 보다 하는 생각이
들었어. 직후에 그 집 부인이 나한테 이북에 가면
좋다고 해서 도망가야겠다는 생각이 들었어.* 내가
돈이라도 한푼 벌어서 가려고 한국에서 왔는데,
이북에는 미쳤다고 가냐. 속으로 그렇게 도망칠 마음을
먹었지."

---

* 박순애, 2009년 11월 19일 진술, 진실화해를위한과거사정리위원회 자료.

슬리퍼만 신고 도망쳤지

"근데 유리창을 열면 드르르 하고 소리가 커. 그게 도저히, 그 사람 깨면 어떡해. 그리고 일본은 밤에 두 시, 세 시 되면 순경들이 돌아다녀. 이상한 사람이 있으면 문초를 할 거 아니야. 나 같은 사람은 만나면 대뜸 한국인이라고 알지. 그러면 한국같이 주민등록증 내봐라 그러면, 없잖아. 밤에 도망 못 나오겠더라고. 낮에 도망칠 궁리를 했지.

그 집에 일주일을 있었어. 이제 주인 여자가 어디를 잠깐 외출해 있어. 외출한 사이에 여자 동생이 방 안에 있더라고. 지갑하고 수첩하고만 딱 가지고 앞치마 입은 대로 '잠깐 화장품 가게 가서 화장품 하나 사 가지고 오겠습니다' 그러니까 '알겠습니다. 다녀오세요' 그래. 그래서 슬리퍼 신고 내 좋은 구두도 가만히 내버려두고 뛰어나왔어. 구두 신으면 의심할까 봐.

그 집 나오면 골목이 길어. 긴 골목을 가야 버스도 다니고 택시도 다니는 길이 나와. 골목부터 달려갔어. 택시를 탔어. 택시를 타고 요코하마 신칸센까지 가자고 했지. 신칸센이 제일 빠르게 가는 기차여. 요코하마 신칸센까지 가가지고, 거기 가자마자 앞치마는 벗어서 쓰레기통에 버렸어.

초라하지. 내 겉모습이. 기차를 타고 얼른 내 좌석을
찾아서 앉았어. 앉았는데, 그 신칸센은 어떤 차냐면
일류 엘리트 사원들만 타는 차야. 굽이 없는 슬리퍼를
신고 신칸센을 타는 사람이 없어. 머리가 돌지 않은
이상은 다 굽이 딱 있는 제대로 된 정장 스타일이야.
나는 옷도 허술하게 입고 있었어. 그래서 한 번 서지도
않고 신도 남한테 안 보여주고 화장실도 안 가고 계속
앉아 있었어.

신칸센으로 세 시간 반을 달려서 내려가지고 바로
택시를 탔어. 돈이 얼마나 나오든지 택시 타고 오리엔탈
택시 회사 큰딸네 강아세가 있던 집에 갔어."

박순애는 자기가 그동안 겪은 일들을 강아세에게
모조리 이야기했다.

"기가 막히다. 한국에서 일본으로 왔는데 내가 이런
꼴을 당하고 그 집에서 도망쳐 나왔다고 그러니까,
강아세가 즈그 남편 김우신한테 전화를 했어. 당신은
어떻게 알아보지도 않고 조총련 집에다가 마츠오카
상을 소개를 해가지고 마츠오카 상이 아주 고생고생을
해가지고 그 집을 도망쳐 나왔다, 짐도 하나도 안 갖고
나왔다고 하더라고."

박순애가 사무직이라고 알고 간 집은 강아세의 남편

김우신의 고향 친구인 김광헌이 어느 조총련 간부가
적당한 사람을 찾아달라고 부탁한 '가정부' 자리였다.[*]
김우신은 이용수의 양아들인 이상제 전무가 아주
확실하다고 해서 소개한 곳이라고 말했다. 그러면서
자기는 시킨 일이라 자세한 사정은 모른다며 이상제를
크게 나무랐다.[**]

"김우신이 우리 집에 들락날락하던 사람을 부르더니
왜 한국에서 불쌍하게 온 사람을 갖다가 이용해먹으려
하느냐고 했어. 그 사람이 우리가 뭐를 이용하려고
했냐니까, 그것이 이용이지 뭐냐고, 왜 취직한다고
데리고 왔으면 바로 그 직장으로 보내야지 직장은 안
보내주고 엉뚱한 짓만 하고 그랬냐고 뭐라고 했어."

박순애는 조총련 간부가 자기를 잡으러 올까 봐 매일
마음을 졸였다.

"그 집에서 가슴이 두근두근하고, 조총련이 자꾸
잡으러 올 것만 같고 그래서 일주일 동안 강아세 집에
있었어. 그러다가 아카사카 호텔에 취직해서 11일 정도
근무하다가 또 강아세의 집으로 가서 3주간 있었지.

*   가나자와 기미코, 2009년 12월 7일 진술, 진실화해를위한과거사정리위원회 자료.
**   박순애, 2009년 11월 19일 진술, 진실화해를위한과거사정리위원회 자료.

그런데 강아세가 요코하마에 간다고 해서 10여 일 간 더 있다가 오사카에 있는 플로리다 호텔에 취직했어.

조총련이 혹시 잡으러 올까 봐 무서워서 나가지도 않고, 기숙사에서 잠만 자고, 아침에 일어나면 근무하고.

그리고 플로리다 호텔에서 한 6개월을 있었어."

　이 무렵 박순애는 잊지 못할 사람을 만난다.

이상희,
나 박순애를 기다리다 죽은 사람

"(플로리다 호텔에) 6개월을 있었는데 강아세 남편
김우신이 좋은 사람이 하나 있다, 한번 선을 보라고
하더라. 그러자 했지. 왜냐하면 일본에서는 남자하고
살아야지 혼자 있으면 언제나 불법 체류자로 붙들어
가기가 쉬워. 아이고, 말도 말아라. 하여간 그 남자하고
선을 봤어. 얌전하게 생겼더라고. 그 사람이 이상희야.
이상희."

박순애와 이상희는 가나가와 현 가와사키에서 처음
만난다. 이 시기가 가장 행복한 시절이라고 말하는
박순애에게 물었다.

"할머니, 행복이 뭐야? 나는 행복이 뭔지 도저히
모르겠어. 맨날 괴로운데."

"행복하다는 거는 평범하게 아무 굴곡이 없이 산다는
뜻이여. 아무 우여곡절 없이 사니까 행복했다, 그거여."

박순애가 이야기한 아무 굴곡이 없다는 말은 일상을

산다는 뜻이다. 아침에 일어나 밥을 먹고 일하러 나가고
저녁에 사랑하는 사람이 있는 공간으로 돌아가는 하루,
어제와 오늘의 평화로움이 내일의 평화를 보장하는
삶을 우리는 일상이라고 부른다. 행복하면 내일이
두렵지 않다. 굴곡이 많은 삶을 산 박순애는 돌아보니
평범한 순간들이 모두 행복한 날들이더라는 사실을 잘
안다. 이 시기를 회상하는 박순애의 입가에 웃음이
떠나지 않는다.

"그 사람이 내가 하자는 대로 하고 속을 안 썩이고
그러니까 행복하지. 하하하. 이상희는 나한테 잘했어.
자동차 부속품 만드는 회사 댕겼어. 남편은 일본에서
나서 살아 사람이 얌전해. 월급도 딱딱 나 갖다주고.
　내가 살던 곳에 상점이 쭈욱 있는 거리가 있어.
반지락(바지락) 파는 곳을 다녔어. 내가 아침 열 시나
열한 시까지 가면 반지락 파는 공장에서 와서 진열을
해놔. 나는 가서 팔기만 해. 바로 앞집이 큰 과일
상회여. 일곱 시까지 내가 팔고, 뭐냐 그 앞집에다가
그날 매상을 맡겨놔. 내 일당 5000엔 딱 떼서 내
호주머니에다가 넣고 그냥 퇴근해버려. 반지락 남은
것은 그대로 두고. 그래도 누가 가져가질 않아. 남편이
언제나 먼저 퇴근해 와서 있어. 나는 저녁에 끓여 먹을

반지락 조금 가지고 와. 가지고 와가지고 된장국도
끓여 먹고 미역국도 끓여 먹고 그랬어."

행복도 잠시 불법 체류자가 되어

이 행복도 순간이었다. 박순애는 불법 체류자 신분으로
1977년 7월 28일 요코하마 외국인 수용소에 수용된다.
도망친 조총련 집에서 본 남자를 우연히 길에서 만나
다방에서 이야기를 나누다가 가와사키에서 이상희랑
결혼해 산다고 말한 일이 화근이었다. 그 남자가 얼마
뒤 박순애를 미행해 거처를 알아내고 출입국관리청에
불법 체류자로 신고했다.

수용되자마자 남편은 회사도 안 가고 날마다 면회를
왔다. 박순애는 이 무렵을 가장 후회한다고 몇 번이나
말한다. 한국에 가겠다고 말하지 않았다면 일본에서
계속 살 수 있었다. 박순애는 그 사실을 몰랐고, 울적한
마음에 한번 한국에 다녀와야지 싶어서 한국에 간다고
말해버렸다. 수용소 직원도 재판을 받으려면 시간이
오래 걸린다고 했고, 출입국관리청 직원도 잠깐 한국에
갔다가 이상희랑 다시 결혼하는 조건으로 일본에
돌아오라고 조언했다. 박순애는 그 말을 믿었다.

"내가 교도소 생활 하면서 맨날 후회를 한 것이 그 요코하마 수용소에서 안 간다고 버텼으면 한국에 안 갈 수 있었다는 거야. 출입국관리청에서도 하루에 한 번씩 조사를 받거든. 그때 내가 죽어도 못 가요, 우리 남편은 너무 선량하고 의지가 약하기 때문에 나 없으면 안 된다, 내가 도와가지고 서로 살아야지 남편은 혼자는 못 산다고 말하면 됐을 거야. 본인이 안 간다면 절대 안 내보내. 그리고 수용소에 1년이고 2년이고 두고 일본 정부랑 재판을 해. 결국은 결혼한 남편이 있기 때문에 내가 이겨갖고 일본으로 나가서 살게 돼. 근데 내가 그것을 모르고 한국에 간다고 했기 때문에 금방 나왔거든. 그거를 몰랐기 때문에. 와야만 된다고 생각했어, 순진하게. 그것을 제일 많이 후회했다."

이상희도 박순애를 마지막으로 본다고는 생각하지 못했다. 빨리 일본에 들어올 수 있게 수속을 밟을 테니, 한국에서 2~3년만 살면 매달 월급 타 생활비 보낼 테니 안심하고 다녀오라고 했다.

"통장에 돈이 좀 많이 있었거든. 또 일본으로 들어갈 테니까 한 개도 안 갖고 왔네. 그 사람은 나를 기다리다 기다리다 죽었어. 내가 교도소에 있으니 편지도 못하고. 그 사람이 나를 기다리다 죽은 그 애처로운 내 마음,

제일 후회되고. 교도소에서 풀을 뽑을 때나 운동을 할
때나 일을 할 때는 언제나 그 생각이 나. 내가 일본에서
안 나간다고 해야 하는데 왜 나온다고 해서 한국에
나와갖고 이 죄인이 됐나 그거여. 생각지도 않은 죄인이
됐다 그거여. 울었다, 울었어."

2001년에 보안 관찰이 해제되자 박순애는 일본으로
가 이상희를 찾았다. 이상희는 이 세상에 없었다.
박순애를 기다리다가 세상을 떠났다. 박순애는 나라를
원망했다. 박순애가 서 있는 한국과 이상희가 서 있는
일본을 갈라놓은 줄은 박순애와 이상희를 이승과
저승으로 나눠버렸다.

누가 내 마음을 이해하냐

박순애는 내내 이상희를 그리워했다. 미안해했다. 이
이야기를 듣는 내내 엄마를 생각한 나는 그 마음을
조금은 알 듯해 침묵했다. 결국 만나지 못하고
죽음으로 이별한 이상희처럼 나도 엄마하고 화해하지
못한 채 죽지 않을까 생각했다. 박순애와 이상희는
감옥에 갇히는 바람에 헤어졌지만, 나는 엄마하고 무엇
때문에 헤어져 있을까 생각했다.

갑자기 내 이야기를 박순애에게 하고 싶다고 생각이 들었지만, 듣는 자리이니까 질문을 이어갔다.

"할머니 인생에서 남편 이상희는 어떤 의미였어?"

침을 꼴깍 삼켰다. 박순애는 의외로 쉽게 대답했다.

"나 기다리고 기다리다가 애처롭게 죽은 사람. 조작 간첩으로 형 받아서 감옥에 있었을 때 그 사람 생각하면 눈물만 나왔어."

박순애가 한숨을 내뱉으며 말했다.

"이렇게 산 이야기, 누가 내 마음을 이해하냐."

박순애와 나 사이의 벽을 다시 느꼈다. 내가 자기를 이해하지 못한다는 사실을 박순애가 알아채는 순간이 올까 봐 언제나 두려웠다.

박순애는 처음부터 지금까지 내가 알아들을 수 있을 만큼만 이야기를 했다. 책으로 나온 이야기를 넘어서는 이야기를 하지 않았다. 책 써봤냐는 질문도 내 한계를 잘 알기 때문에 나온 말이었다. 그렇지만 나는 박순애가 하는 이야기를 이해하려 노력했고, 그게 쉽지 않아 많이 괴로웠다.

내 노력도 온전히 박순애를 향하지는 않았다. 박순애 이야기를 들으면 엄마가 떠올랐고, 엄마와 나 사이의 갈등 때문에 생긴 질문들을 하고 싶었다. 박순애에게 집중하지 못한다는 사실에 죄책감이 들 때도 있었다.
부끄러웠다.

할머니, 이야기 더 해줘

부끄러움과 죄책감을 해결 못 하면 이야기를 더 들을
자격이 없다고 생각했다. 쉬자고 했다. 장롱에 있던
이불을 꺼내 바닥에 깔고 누웠다. 내가 누구를
기록하고 있는지 생각했다. 박순애를 보는 내 시선에는
늘 엄마가 묻어 있었다. 박순애와 엄마, 그 사이에 나도
있다는 사실을 깨달았다. 나는 세 사람을 기록하고
있었다.

　박순애의 삶을 엄마 때문에 생겨난 질문들을 통해서
바라봤다. 나라는 사람의 이야기를, 엄마의 이야기를
제대로 해야 한다. 내 이야기를 제대로 하지 않은 채
쓴다면 이 기록은 온전히 박순애의 이야기인 양 거짓이
되고, 박순애와 나는 만난 적이 없게 된다. 박순애가
자기 이야기를 들려준 순간부터 이 이야기는 더는
박순애만의 이야기가 아니다.

　나는 박순애를 만났다. 만남은 충돌이다. 이야기를
듣고 앓기도 했고, 두려움에 떨기도 했다. 한 사람의

세계를 알아간다는 일 자체가 부딪혀 다치는 일이다.
나는 내 신발을 신고 박순애의 세계를 돌아다녔다.
내가 모르던 세계가 내 안으로 들어오고 있었다.

만났다는 사실이 중요하다. 이 만남이 끝나면
누구보다 내가 가장 먼저 변해 있으리라고 기대하면서
박순애의 이야기를 끝까지 듣겠다고 결심했다. 그때
박순애의 눈을 똑바로 바라보며 말했다.

"할머니, 이야기 더 해줘. 계속 듣고 싶어."

내가 그리워하던
조국이 이거냐,
저질이네

한국에 내리니까
너무나 살벌해

1977년 9월 9일, 불법 체류자 박순애는 일본에서
한국으로 입국했다. 마흔여덟 살이었다. 김포공항에
내리자마자 뭔가 심상치 않은 기분이 들었다. 박정희
유신 정권을 잘 알지 못했지만, 뭔가 다른 공기가
느껴지기는 했다.

"비행기에서 내리니까 방위대 그런 사람들이 군복을
입고 휘휘 하고 다니던 게 살벌하대. 일본 동경에서
비행기를 탔을 때하고 한국에서 내려서 공기를 비교를
하니까 한국이 너무나 살벌해. 뭔 일이 있겠구나,
이상하다 싶더라. 나 없는 동안에 이 나라가 변했구나."

전기 비행기 타가꼬 병신 된다던데

예상은 적중했다. 박순애가 김포공항에 내리자마자
중앙정보부 사람이 와서 불법 체류자는 3일간 가볍게

조사한다며 중앙정보부로 데려갔다. 연행된 첫날에
박순애는 결혼 생활을 이야기했다. 다음날에는 어느
수사관에게 취직하러 간 곳이 조총련 간부네 집이라고
말했다. 수사관은 태도가 돌변했다.

중앙정보부 남산 사무실로 이동한 뒤에 수사관은
박순애에게 명령했다.

"벽 보고 서."[*]

"손을 들고 서 있어."[**]

박순애는 각목으로 엉덩이를 맞아 한 달이 넘도록
멍이 들었다. 욕설을 듣고, 폭행과 협박을 당하고, 잠을
못 자게 했다. 전기 고문을 한다는 말을 듣고 무섭고
겁이 났으며, 말 못 할 공포를 느꼈다.[***] 수사관은
이북에 다녀온 사실을 인정하라고 했지만 박순애가
그런 적이 없다고 하자 각목으로 때렸다. 그 뒤로
박순애가 아니라고 말만 하면 때렸다.[****]

"'보안법을 모르요. 보안법이 뭡니까' 그러니 '네가 한
것이 보안법이다. 이년아' 그러더라. 고문할 때까지는

---

[*]   박순애, 2009년 11월 19일 진술, 진실화해를위한과거사정리위원회 자료.
[**] 박순애, 2009년 11월 19일 진술, 진실화해를위한과거사정리위원회 자료.
[***] 박순애, 2007년 7월 24일 진술, 진실화해를위한과거사정리위원회 자료.
[****] 박순애, 2009년 11월 19일 진술, 진실화해를위한과거사정리위원회 자료.

괜찮아. 각목으로 엉덩이를 패서 궁둥이가 가지색이
됐어. 그렇게 될 때까지도 참았어. 수사관이 '이북에
갔지, 갔지' 하면서 갔다고 하라고 그래. 안 갔다고
말할라고 '아' 자만 말하면 탁탁탁 두들기고, 손바닥
두들기고, 난리 나, '아' 자만 나오면. 그래도 참았는데,
어째서 이북에 갔다고 말을 해뻐렸냐. 정보부 가서 고문
때문에 내가 무서워서……안 간 이북을 갔다고 했지.

옆에 나 조사하는 놈이 '지하실, 다 준비됐어?
비행기도? 의자도?' 하는데, '아, 나 이제 전기의자에
앉히려고 하는구나. 아, 나 이제 병신 된다.' 속으로
전기 비행기 타고 전기의자 앉으면 병신 된다는 말은
들은 바가 있어. 들어오기 전에도.

그래서 '지하실, 지하실 하는 거는 뭐예요?' 물었어.
지나가다 보면 '통제 구역'이라고 딱 써 있어. 지하로
들어가믄, 통제 구역으로 들어가믄 지하실이여. 거기를
간다고 하니까 내가 안 간 이북을 갔다고 했어. 내가
전기 비행기 타가꼬 병신 되는 것보다는 낫겄다 싶어서.
내가 속으로 '안 되겠다. 안 간 이북 갔다고 하고 한 2년
살다가 나와야지.' 그런 요량으로 이북 갔다고 했어.

'쓰시오, 이북 갔다고 아저씨들 마음대로 쓰시오.'

그때부터 인쟈 매일 어디에서 어디로 가가꼬 어디에

가서 김일성이를 만나고 막 쭈욱 썼지. 고문이 그때부터

없어. 이제 안 간 이북을 가게 된 거야. 내가 매일

이북을 몇 번이나 가야 해. 써야 했어. 그렇게 간첩으로

나를 만들더구만.

　　고문 받으면서는 참말로 내가 그리워하던 조국이

이거냐, 한국이 이렇게 저질이냐, 그걸 느꼈어. 왜냐면

사람이 무죄인가 유죄인가를 알고 고문을 해야지.

무작정 고문하고, 무작정 감금을 시키고 정보부에

데리고 가. 데리고 간 것까지는 괜찮아. 계속 감금시킨

거는 위법이야, 위법. 법에 없는데 감금을 시켜놓고

조사를 해서 간첩으로 만들어버렸잖아. 그래서 내가

'사람을 죄인을 만드는 데 이렇게 간단히, 한 달밖에 안

걸리는구나' 속으로 그런 것도 느끼고. 참말로 한국에

온 걸 후회했당께.”

무조건 '네네'만 하면 됩니다

박순애는 37일 동안 불법 감금된 채 갇혀 있다가 검찰에

송치된다. 구치소로 가는 날 박순애를 조사한 수사관

두 명이 동행한다. 승용차를 타고 가면서 서류 심사만

할 테니 걱정하지 마라, 검사한테 조사받게 되면 여기서

조사받은 대로 하기만 하면 된다고 박순애를 달랬다.[*]

1977년 10월 15일에 서울구치소로 이송된 박순애는 그날 밤 꿈을 꿨다.

"서울구치소에 처음으로 들어가서 잠을 잤는데, 꿈에 큰 기와집이 있더라. 거기에 우리 아버지는 담뱃대 물고 갓 쓰고 두루마기 입고 마루에 앉아서 양반다리하고 담배 피우고 있고, 우리 엄마는 소쿠리에다가 뭘 들고 마당으로 왔다갔다하고 있어. 우리 죽은 큰언니는 뭘이고 '어머니, 엄마요, 어쩌요' 하고 막 마당으로 댕기고 있고. 죽은 친정 식구가 싹 그 집에서 살더라고. 한집에 살고 있어. 그니께 내가 그 꿈이, 꿈을 생각할 때 조상이 나를 도왔다 싶더라. 서울구치소 그 장소만의 꿈이 아니여. 그 꿈이 몇 십 년까지 갔지, 말하자면. 좋은 꿈은 10년도 더 가. 앞으로 미래를 내다보는 꿈이라."

박순애는 이 꿈이 자기를 지켜준다고 믿었다. 꼿꼿이 버텼다. 억울한 마음은 어쩔 수 없었다. 구치소에서 작성한 '좌익 재소자 사상동향 카드'의 박순애 시찰 내용을 보면 '본 사건에 대하여 부인하는 표정'(1977년 11월 29일), '본인 자신은 잘못된 사실이라고 말하고

---

[*] 박순애, 2009년 11월 19일 진술, 진실화해를위한과거사정리위원회 자료.

있으나 확실한 사실은 발견하기 어려움'(1978년 1월 28일), '잘못이 없는데 억울하다. 시간이 흘러가면 진실이 밝혀진다. 사법부만 믿고 있음'(1978년 2월 23일), '억울하다 이야기하며 하루 종일 가만히 앉아 있음'(1978년 3월 30일)이라고 적혀 있다.

박순애는 구치소에 있는 변호사 접견실에서 검찰 조사를 받았다.* 검사가 오기 전에 중앙정보부 수사관이 찾아와 말했다.

"정보부 계통의 수사관이 찾아와 조사를 할 테니 무조건 '네네'만 하면 됩니다."

"무조건 중앙정보부에서 쓴 대로 쓰세요."**

검찰도 강압 수사를 했다. 고문을 하지는 않았지만 공포 분위기 속에 중앙정보부에서 한 말하고 다르게 진술하면 왜 여기 와서 딴말을 하느냐고 다그쳤다.***
박순애는 중앙정보부 수사와 검찰 수사를 혼동해서 검찰 조사를 받을 때도 중앙정보부 수사관에게 조사를 받는 줄 알고 있었다.**** 혼란스러운 상황에서 박순애는

---

*   박순애, 2009년 11월 19일 진술, 진실화해를위한과거사정리위원회 자료.
**   박순애, 2009년 11월 19일 진술, 진실화해를위한과거사정리위원회 자료.
***   최영도, 2009년 12월 18일 진술서, 진실화해를위한과거사정리위원회 자료.
****   박순애, 2009년 11월 19일 진술, 진실화해를위한과거사정리위원회 자료.

검찰 조사 피의자 신문 때도 거짓말로 월북 사실을
자백했다.

검사가 읽는 거요 말짱 거짓말입니다

재판이 시작됐다.

"내 공소장이 30장이여. 내 공소장 (내가) 안 읽고
재판받는 사람은 나여, 나. 공소장을 안 읽었당께.
아니, 근데 내가 이북에 안 간 거를 거짓말로 갔다고
했는데 읽으면 뭐하겠냐. 그래 가지고 검사가 공소장
30장을 적적적적적적 막 냉기고, 냉기고, 냉기고 하면서
읽어강께 슈우우우욱 쉬지 않은 소리가 나. 재판소
안에 있는 교도관들이 '대간첩이 왔구만. 대간첩이
왔어. 대죄인이 왔구만' 막 그래. 그러고 난리들이여.

검사가 싹 그걸 읽고 나서 재판관이 '피고인, 할 말이
없는가?' 그래. 그때는 죄가 없으면요 겁이 요만치도 안
나요. 내가 '재판소에서 할 말 있습니다' 그랬더니 말을
해보래. '나, 이북에 안 갔습니다. 지금 여(기) 검사가
읽는 거요, 말짱 거짓말입니다.'

판사가 '아이고, 참말로 이상하네' 그러더니 탕 하고
뚜들기면서 '아, 그러면 이북에 안 간 사람이 어째

이렇게 이북 사정을 잘 알아가꼬 잘 썼냐' 그래. 재판을
받을 때 정보부 직원들이 뒤에 앉아 있거든. '저 사람들
둘이요, 이런 두꺼운 책을 놓고요, 나한테 어데로 갔냐
어데로 갔냐 해가꼬 내가 틀리믄 그 책대로 쓰라고 막
강제로 그래서 책대로 쓰고요. 한번 인쟈 만들어 가꼬
매일 그거를 내가 세뇌 교육 받다시피 썼어요' 그랬어.

판사가 '당신이 이북에 가서 김일성이를 만나고 또
이북에서 두 달을 있음으로 되어 있다, 공소장에.
그런데 그때 일본에 어디에 있었냐' 그래. 내가 '확실히
말하겠습니다. 오사카에 있는 플로리다 호텔에서
안내원으로 일하고 있었어요. 그 조총련 집에서 나와
가지고 일주일 동안 친구 집에 있다가, 그 호텔에 가서
면접을 봐가지고 안내원이 되가지고 안내원으로 있다가
6개월 후에 가와사키로 갔습니다' 했어. 그러면서 조사해
보라고, 지금이라도 플로리다 호텔에 전화해보라고
말했지."

법정에서 진실을 말해도, 아무리 부당하다고 외쳐도
소용이 없었다. 법원은 박순애를 간첩이라고 판결했다.
1978년 4월 7일, 서울형사지방법원은 박순애에게
국가보안법과 반공법 위반 등으로 징역 20년에 자격
정지 15년을 선고했다.

꼼짝없이 간첩이 됐구나

박순애가 간첩이 되는 일은 예정돼 있었다. 검찰청은
물론 온갖 정부 기관에 중앙정보부 직원이 상주했고,
심지어 법원에도 중앙정보부 직원이 드나들며 사전에
영향력을 행사했다.[*] 간첩 사건은 중앙정보부에서 기초
조사를 해서 검찰에 송치하면 검찰과 법원에서 다
인정해주는 분위기였다.[**]

　박순애는 항소했다. 항소심 법정에서 귀국하자마자
중앙정보부에 끌려가서 무척 당황한데다가 북한에 간
일도 없는데 갔다고 다그쳐 공포심을 느껴 허위 진술을
한 사실을 다시 말했다.

　"교도관들, 나를 데꼬 댕기는 교도관들이 있어. 그
사람들이 '아이고, 당신 무죄로 나가겠소. 무죄로
나가겠구만. 아주 고생 많이 했소. 무죄로 나가겠소'
그래. 내가 '왜 무죄로 나가겠소? 아저씨가 판사요, 뭐요'
그랬더니, '아니, 아주머니 같은 사건은 무죄로 나가요'
그래. 근데 재판을 받는데 정보부 압력이 얼마나 쎈지,
그때 알아보겠더라고. 뭐냐면 판사가 딱딱 (서류 등을

---

[*]　2008년 2월 19일 진술 참고, 진실화해를위한과거사정리위원회 자료.
[**]　2008년 2월 19일 진술 참고, 진실화해를위한과거사정리위원회 자료.

보더니) '당신이 1심 때 시인을 했구만' 그래. '내가
부인했는데 무슨 시인을 해요' 그랬어."

법원은 박순애가 한 이야기를 받아들이지 않았다.
1978년 7월 28일 서울고등법원은 박순애에게 징역
15년에 자격 정지 15년을 선고했다. 1심에 견줘 겨우
5년이 줄었다. 징역 15년은 '원심이 적법하게 증거 조사를
마쳐 채택한 여러 증거들(특히 검사가 작성한 피의자
신문 조서 기재 내용)을 기록에 비추어 종합적으로 검토해
보면, 피고인의 범죄 사실을 인정할 수 있다', '피고인의
양형의 조건이 되는 여러 가지 사정을 참작하여 보면,
원심의 피고인에 대한 형의 양정은 너무 무거워서
부당하다'는 이유를 들었다.*

박순애는 대법원에 상고하지만 곧바로 기각됐다.
대법원이 내린 판단도 고등법원하고 비슷했다. 수사
과정에 아무런 문제가 없으며 박순애에게 선고된 형은
심히 부당하지 않다는 논리였다.**

법원이 유죄로 판단한 박순애의 범죄 사실 요지는
다음 같다.***

---

*   1978년 7월 28일 서울고등법원 판결문.

**   1978년 10월 31일 대법원 판결문.

***   진실화해를위한과거사정리위원회 결정 보고서, 결정일 2009년 5월 11일.

1) 1972. 10.경 김우신의 알선으로 조총련계 이지도원과 안 지도원을 소개받아 입북권유를 받고, 입북시 필요한 의류 등 물품 4만엔 상당과 공작금 일화 10만엔을 수수하고, 1972. 11. 3. (안 지도원이 운전하는 자가용을 이용해 니 카타로 이동하여 그곳에서) 북괴공작선을 타고 입북하여 반국가단체의 지배하에 있는 지역으로 탈출하고,

2) 1972. 11. 9. 16:40경 평양시 대동강 구역 이하 미상에 있 는 초대소에 수용되어 부산 등지의 관공서의 위치에 대한 내용을 보고함으로써 군사상 이익을 공여하고,

3) 1973. 1. 10. 18:00 위 초대소에서 소위 조선노동당 입당 원서를 작성 제출하고 입당 선서를 함으로 반국가단체의 구성원이 되고,

4) 1973. 1. 11. 10:00경 위 초대소에서 송지도원 등에서 재일 민단 교포들을 포섭하여 세뇌공작을 실시하고, 조총련에 서 실시하는 각종 행사시 민단계 교포들을 동원하라는 지 령을 받고, 공작금품으로 일화 20만엔, 난수표 1조 등을 수수하여 반국가단체의 구성원에게 지령과 금품을 수수 하고, 귀일하여 잠입함과 동시에 그 구성원과 화합하고,

5) 1973. 3. 초순경 요코하마시 하마마쓰쵸 이하미상에 있는 안지도원 집에서 이지도원과 만나 재일중 합법적인 신분 으로 활동하는데 필요한 김신자 명의의 외국인 등록증과

일화 3만엔 등 공작금을 수수하고,

1973. 10. 초순 18:00경 위 안지도원 집에서 이지도원 등과 만나 김대중 석방서명운동을 전개하라는 지시와 공작금으로 일화 5만 엔을 수수하고,

1974. 6. 21. 경 위 장소에서 이지도원과 만나 도쿄 우에노 공원에서 열리는 6.25 기념행사시 "민단계 교포들을 동원시키고 행사 당일에는 참석한 사람들에게 준비한 타올 등 기념품을 나누어주라"는 지시를 받으면서 그 공작금으로 일화 5만 엔을 수수하고, 동년 6.25 11:00경 도쿄 우에노 공원에서 조총련이 주최한 6.25 기념 행사장에 참석하여 위 안지도원등과 같이 식장 안내 및 기념품을 분배하고,

1975. 1. 초순 12:00경 요코하마시에 있는 옥호 미상 불고기집에서 조총련 가나와껭 요꼬하마시 지부에서 주최한 신년 연회에 조청을 받고 동석한 조총련 간부 약 50명 등 조직구성원과 친목회에 참석하는 등 반국가단체구성원과 회합함과 동시에 금품을 제공 받고,

6) 1977. 6. 경 조선대학을 방문하여 조총련계 안지도원에게 북한의 우월성 선전 교양을 받고, 이에 동조하는 등 찬양·고무하고, 같은 달 하순경 이지도원과 회합하고 그로부터 산업문화회관에서 공연 예정인 조총련 중앙예술단

입장권을 민단계 교포들에게 판매하여 관람하도록 하고 입장객에게 기념품을 판매하여 그 이익금을 공연자금 지원비로 마련토록 하라는 지시와 함께 동 입장권 20매를 수수하여 판매하고, 공연장에 입장 관람하는 한편, 인형 및 김일성 주체사상 김일성 전기등 책자를 관람객에게 판매하여 반국가단체를 이롭게 하고,

7) 1977. 7. 27. 가와사키 소재 주거지에서 외국인등록법위반으로 피검되어 외국인수용소에 수용 중 내방한 조총련계 이지도원과 접촉하여 지령을 받고 그 목적수행을 위하여 자비 귀국함으로써 위장 잠입한 것이다.

범죄 사실이 인정되고 양형마저 확정된 박순애는 꼼짝없이 간첩이 됐다. 남은 일은 교도소행뿐이었다.

광주 교도소,
자유가 없다 뿐이지 인간적이고 재밌어

평범한 사람들은 교도소에 회색빛이 가득하며 꽉 막히고
메마른 질서와 힘든 노역만 있다고 여긴다. 감옥 안
일상에는 어떤 생동하는 사건도 재미도 사랑도 상처도
사람도 없다. 누명을 쓰고 억울하게 감옥에 들어간
박순애는 교도소를 그렇게 기억하지 않았다. 교도소
생활이 재미있고 웃겼다고 했다. 박순애가 말하는
재미는 다른 동료들하고 맺은 관계에서 나왔다.

박순애에게 교도소의 하루를 말해달라고 했다.

"아침에 일곱 시에 일어나. 쭈욱 댕기면서 대가리
숫자 세. 그다음에 여덟 시에 밥이 와. 밥 먹고 나서
교도관이 문을 끌르면 나가."

감옥에서 버티는 힘, 일탈

감옥은 수직적 관계를 지향한다. 명령하는 자와

복종하는 자로 설정된 관계들은 규칙적이며 통제된
일상을 만들어낸다. 그렇지만 박순애와 동료들이 맺은
관계는 감옥이 지향하는 관계하고 달랐다. 수평적인
관계였다. 이 관계들은 수직적 관계하고 마찰을
일으키며 사건을 만들어냈다. 김치를 몰래 담그는
일탈, 노래를 부르는 시끄러움, 교도관 몰래 면회 때
받은 음식들을 들여오는 일, 여러 가지 크고 작은 소동.
이런 일탈은 의도하지 않게 금지된 것들을 깨트리는
저항이 됐고, 감옥에서 버틸 수 있는 힘도 됐다.

　"오래 살면 자유가 없다 뿐이지 인간미 있고 재밌어."

　박순애가 진짜로 국가보안법을 위반한 간첩이라고
수군대며 상처 주는 사람들도 있었다. 감옥 안에서도
박순애와 동료들은 사람이 사는 작은 사회를 만들었다.

　박순애에게 감옥에서 벌어진 이야기를 해달라 하자
한 여자 이야기를 꺼내며 깔깔댔다.

　"기결로 온 애한테 뭐로 들어왔냐고 물으니까 절도로
왔대. '미결에서 꽤나 고생했겠네' 그러니까 '아니오.
고생 하나도 안 했어요' 그래. '미결 때하고 여기하고는
죄명이 틀리니까요' 그러는겨. 왜냐고 물었지.

　미결에 처음 들어가면 변소 앞에다가 앉히고, 이불을
씌우고 두들겨 패기도 해. 신입생 신고식이야. 독방에

있었고 보안법이었으니까 나는 그런 거를 안 당했지.

하여튼 처음에 미결이 방으로 들어가니까 대장 같은 사람이 눈을 부라리더니 '뭐하고 왔어?' 그러더래. 그래서 '사람 죽였어요' 그랬대. 몇 명이냐고 그랬는데 세 명이나 죽였다고 그랬대. 근데 거짓말이야. 고생 안 할라고 거짓말한 거지. 사람들이 '저쪽으로 앉으시오' 하면서 제일 좋은 자리를 주더래. 공소장 같은 거 절대 안 보여주거든. 그러니까 살인인 줄 알아.

실제는 얘가 어떤 영감하고 교제를 했어. 영감이 금반지를 해주면서 몇 월 며칠까지 우리 집으로 와서 같이 삽시다 했어. 그러니께 '예' 그러고는 안 가버렸어. 그 영감이 금반지 하나 값으로 고소를 한 거야. 참 나, 그래서 들어온 거야. 금반지 값이 없어가지고.

근데 또 그 여자가 웃기는 게, 나 있던 방에서 얌전한 할머니가 하나 있어. 보안법이야, 보안법. 대전에서 왔어. 그 할머니가 성경책을 방구석에 차곡차곡 세워놔. 저녁 먹고 나면 기독교 신자 방 식구들이 앉아서 성경 공부도 하고 찬송가도 부르고 그래. 할머니가 개한테 성경책을 차곡차곡 개어놓는 역할을 하라고 그랬어. 그랬더니 막 입을 삐쭉삐쭉하면서 '그래요' 그래. 근데 개가 할머니가 안 볼 때는 책을 던져 우리 앞으로.

할머니가 보면 얌전하게 나눠줘. 아주 웃기는 여자야.

할머니가 그림책을 내놓고 설명을 해. 쭉 읽으면서 죽어 천당을 가고 어디를 가고 어쩌고 하다가 할머니가 화장실을 갔어. 근데 그 여자가 '누가 죽어봤간디?' 그러는 거야. 하하하. 그 여자 감방에서 골칫거리였어, 골칫거리."

교도소에서 만난 사람들 이야기는 계속됐다.

"재미있는 교도관이 있어. 방마다 노래 잘하는 사람은 노래시키고 연기 잘하는 사람은 연기를 시켜. 시 잘 읊는 사람은 시 읊으라고 하고. 하나씩 시켜. 장기 자랑 같은 거야.

교도관이 노래를 시키면 나는 일본 노래 불렀지. 복도에 나가. 미결수 앞에 가서 나는 '콘나니 와카레가 쿠루시 모노나라 니도토 아에나이 아이노 쿠루시사' (이렇게 젊음이 오는 날이면 다시 만날 수 없어 사랑의 괴로움) 하면서 일본 노래를 불러. 그러면서 뺑뺑이를 돌면서 쇼를 하는 거지. 하하하. 애들이 막 웃고, 미결수도 웃고, 교도관도 웃고, 그랬어.

정금난이라는 애가 있어. 〈시월에 이별인가〉 하여간 가을 노래여. 아아 하면서 잘 빼. 하하하. 정금난이는 제주도 여자인데, 나하고 같은 날 출소를 했어. 노래를 잘해서 일본에서, 말하자면 한국 같으면 밤에 술 파는 곳이 뭐지, 카바레 같은 곳에서 노래를 불렀어, 얘가.

여기에서부터 사건이 시작한 게 카바레는 다 같이 어울리지. 조총련이건 민단이건, 안 하고 그렇지 않아. 기독교하고 불교하고 사이랑 비슷해. 적대시하지 않아, 서로가. 그런데 돈 많은 조총련을 만났어. 동거 생활을 했어. 집에 바느질 해주는 사람이 있었거든. 한복 같은 거. 그 사람이 정금난이한테 2000만 엔을 꿔달라고 했어. 한국 돈으로 2억이야. 정금난이가 안 꿔줬어. 그 바느질쟁이가 한국에 나와가지고 일렀어. 그래가지고 얘가 (감옥에) 들어왔어.

이순희도 재밌어. 이순희는 '눈이 오네, 눈이 오도다, 가락눈이 오도다' 하면서 눈 노래를 부르고 나를 또 시켜. 이순희라는 애는 왜 보안법이 됐냐. 아주 불란서 인형처럼 예뻐. 그때 나이가 서른둘인가 그랬는데 복골복골하니 참 예쁜 얼굴이야. 얼굴이 이쁘다 보니까 서울에 살면서 요정에 몇 번씩 나간 모양이여.

요정에서 정보부 직원도 인사하고 그러고 지냈는데, 정보부 직원들이 걔를 이용을 해먹었어. 조총련에서 사쿠라라고 하면 제일 돈이 많은 사람이야. 사업을 제일 많이 하는 사람이야. 일본에 조총련 부자가 많았어. 그

돈을 다 이북으로 보내는 거야, 사쿠라가. 그러니까
그 사쿠라를 한국에서 데꼬오고 싶어하지. 사쿠라가
고향이 경상남도야. 그래서 이순희를 (일본 요정에)
집어넣어서 사쿠라를 삶아라, 니가 세컨드가 되어라,
그래서 사쿠라를 한국으로만 데리고 오면 너는 평생
우리가 먹여 살리마, 그런 거여. 정보부에서 그러면서
야를 보냈어, 일본 요정으로. 야가 일본 요정에 가서
노래도 잘하고 예쁘고 하니까, 사쿠라하고 사귀었어.
사쿠라가 집 한 채 사줘갖고 살고, 돈도 그냥 막
사쿠라가 많이 주고 했지.

근데 이순희가 지가 혼자 갖는 게 아니라 영사관에도
주고 정보부에도 주고, 막 돈을 그 사람들한테 노나조.
저도 갖고. 그러다가 야가 한국으로 나와버렸어.
야가 와버리니까 정보부가 실망이 크지. 그니까 야한테
맨날 정보부가 와. 와가지고 일본에 한 번만 더 가라고,
한 번만 더 (사쿠라한테 한국으로 오라고) 사정해봐라,
한국으로 데리고 나오기면 하면 우리가 너는 떠받친다,
그랬어. 근데 야가 (일본으로) 안 가버렸어. 돈도 가질
만치 가졌고 그러니까 안 가버렸어. 정보부 말을 안
들었어. 그러니께 넣어버렸잖아.

야는 저녁에 잘라고 이불 펼 때마다 '응, 육시랄 놈,

삶아 죽일 놈' 이러는 거야. '사쿠라 돈 안 처먹은 놈,
영사관이고 뭐고 나와봐. 정보부 안 처먹었으면 나와봐'
막 복도에다가 대고 그래. 그러면 교도관이 와서 '뭘
나와보라고 해?' 그럼 '아니요' 하면서 아주 시침을 딱
떼버려. 교도관이 가고 나면 사쿠라 돈 안 처먹은 놈
있으면 나와보라고 또 그래. '영사관이고 정보부고
나와, 나와봐, 이놈들아' 이랬어."

사람 냄새 나는 곳은 감옥이네

재미있는 사람들은 재미있는 행동도 함께했다.

"직원들 식당이 있어. 거기에서 김장을 하면 배추를
한 트럭 풀어놓고 다듬거든. 보안법 여자가 식당에 의자
놓고 지키고 앉아 있는 교도관을 데리고 저만치 가.
'잠깐 이야기 좀 했으면 좋겠네요. 제가요……' 하면서
조건도 없는 이야기, 근거도 없는 이야기를 해. 그러는
동안 절도로 들어온 여자들이 하나씩 배추를 자기 방에
감춰. 이불 속에다가도 감추고 감출 만한 데다가는 다
감춰. 절도가 그 방에 하나씩 있어야 해.

저녁에는 물을 떠다놨다가 씻어. 그리고 교도소에서
면회 오는 사람들이 양념장을 넣어줄 수가 있어. 그

양념장 가지고 김치를 담궈. 맛있게 담지. 다마내기를
또 훔쳐다가 썰어서 다마내기 김치 담그면 사근사근한
게 그렇게 맛있네. 아침에 세수하러 나오거든.
세수하고 나면 산책도 하고 그래. 그때 이제 담 옆을
봐. 교도관이 저쪽에 있으면 삽으로 파가지고 거기다가
(김치 넣은) 플라스틱을 묻어. 땅에다가 묻어놓고
벽에다가 십자가를 그려놔. 표시하느라고. 한겨울에
파다 먹으면 얼마나 맛있다고. 그런 유머가 또 있어.

감옥은 오래 살면 자유가 없다 뿐이지 인간미가 있고
재미있어. 어떤 여자는 그래. '사람 사는 냄새가 나는 건
감옥이네'라고."

사람 냄새 나는 감옥이지만 박순애를 향해 곱지 않은
시선을 보낸 사람도 있었다. 박순애가 진짜 간첩이라고
의심했다. 아니 땐 굴뚝에 연기 날 리 없다는 식이다.

"나보고 '할머니, 할머니, 참 딱하신 거 같은데 사건
이야기나 해주시오. 잠도 안 오고 그러니까' 그래. 나는
'이야기해봤자 뭐하냐. 너희랑 죄명이 틀려서 통하지도
않을 텐데' 그래. 그럼 또 '아이고, 죄명이 틀려도 이해를
해요' 그래. 내가 사건 이야기를 했어. 이러고저러고
하면서 그런 말을 다 했어. 그럼 '아이고, 그래요' 하면서
나를 동정하는 듯, 안쓰러운 듯 그 말을 다 들어.

근데 내가 화장실 가서 가만히 들으면 '야, 좀이라도 뭐가 있으니까 징역을 사는 거지. 굴뚝에 불을 지피지도 않았는데 불이 나겠어? 뭐가 있었겠지! 뭐 아무것도 없으면 징역 살겠냐' 이래. 여태까지 말해준 게 그렇단 말이야.

그러니 말할 필요가 없어. 내 앞에서 '아이고, 할머니, 그래요' 하면서 들어놓고 내가 뒤돌아서면 '조금이라도 뭐가 있으니까 징역 살지' 그 지랄을 한당께. 나 상처 많이 받았어."

10년 동안 한 번도 면회 안 오는 사람은 나뿐이여

박순애는 간첩이라는 시선은 감옥 밖에 있던 박순애의 가족들도 옭아매고 있었다. 박순애가 일본에 살고 있을 때 가족에게 보낸 편지와 선물을 문제 삼았다.

"진해에 있는 오빠도 옭아매려고 그것들이 고문을 많이 했어. (오빠가) 일주일 만에 정보부에서 나왔는데, 즈그도 알지. 죄 없는 거. 오빠가 반 죽어서 나왔어. 집에서 개를 잡아서 고아서 약하고 같이 먹이고 별짓을 다했어."

가족들은 혹시라도 중앙정보부에 꼬투리를 잡힐까

걱정돼 면회를 오지도 못했다. 박순애는 그런 사정을
이해하면서도 몹시 서러웠다.

　"보안법은 1년마다 가을에 한 번, 봄에 한 번 특별
면회가 있어. 가족이 음식을 해 와서 강당에서 책상
놓고 마주 앉아. 서로 안아도 보고, 키스도 하고, 볼도
대고, 만지고, 손도 잡을 수 있고, 껴안을 수도 있어. 다
자기 식구들이 음식 사가지고 먹으려고 와. 보안법은
부모나 부부만 와. 형제, 안 와. 조카는 말할 것도 없고.

　특별 면회 때 부르면 하나씩 나가. 강당으로 가는
거야. 근데 나는 끝까지 안 불러. 안 와. 오빠가 정보부
가서 겁을 집어먹었는데 오겠냐. 정이 뚝 떨어져서 안
오지. 아무도 안 왔어. 10년 동안 한 번도 안 온 사람이
나야. 편지만 서로 했지. 보통 때 면회 안 오는 건 문제
없어도 그럴 때 안 오면 더 서운하더구만.

　한번은 (감옥에 보안법으로 온) 제주도 할머니하고
있었는데, 그 할머니도 가족이 면회를 안 와. 아들하고
며느리가 제주도 사는디 절대 안 와. 즈그가 면회를
오면 살고 있는 거기서 지장이 많다 그거라. 형사도
주목을 하고 그러니까 안 온단 말이야. 우리 오빠도
형사들이 맨날 집에 와서 편지 안 왔냐고 막 묻고
그렁께, 묻고만 가도 기분이 나쁜 거여. 그러니까 아예

면회를 안 오지."

조각난 마음은 박순애를 늘 옆에서 챙기는 사람이
꿰매어줬다.

"특별 면회 때 이순희네 엄마는 엄마니까 뭐를 많이
해가지고 와. 그러니께 이순희가 부장한테 말을 해.
'박순애 씨가 면회 안 오니까 우리 가족들한테 같이
가면 안 될까요?' 부장이 허락하면 괜찮아. 교도관도
인간이고 내가 면회 안 오는 거 아니까 데리고 가라고
해. 이순희 가족들하고 같이 밥을 먹고 그랬어.
맛있는 거 많이 먹어도 여사에 들어올 때는 절대 갖고
오면 안 돼. 위반이여. 근데 막 (옷에다) 훔쳐 넣고
주전자에 뭐를 막 해서 넣어오고. 들어와서 방 식구들
하나씩이라도 노나 멕일라고. 그런 곳에 살면 의리가
있어, 교도소에서는."

박순애는 한평생 외로웠다고 했다. 박순애에게 감옥
이야기를 해달라고 말을 꺼낸 때 처음 시작한 이야기는
골칫덩어리 동료였다. 감옥에 한 번도 가지 않아 감옥
속 일과가 궁금해서 말해달라고 했지만, 박순애는 내
질문에 그다지 관심이 없었다.

아침까지 일과만 짧게 이야기하고 저녁 일과는
이야기하지도 않은 채 다시 감옥에서 만난 사람

이야기를 길게 했다. 박순애가 하는 감옥 이야기는 온통 사람으로 가득했다.

광주민주화운동, 내가 왜 간첩이 됐는지 알겠더라고

그러던 중 광주교도소에 '사람들이 우루루루 들어오는 사건'이 터진다. 1980년 5월 18일에 벌어진 광주 민중 항쟁이다.

"(1984년) 민정당 (점거) 사건 두목하고 4년 동거 생활 하던 애가 들어왔어요. 참 예뻐, 똑똑했어. 걔는 이북은 안 갔어도 공산주의 쪽에 좀 있었어. 근데 걔가 그랬어. '80년대는 꼭 우리나라에 민주화가 되니까, 할머니, 걱정하지 마세요.' 내가 시끄럽다고 했어. 그런 거 잘 아는 네가 징역살이를 왜 하느냐고 했어. 그랬더니 '할머니, 아니에요. 꼭 민주화가 되니까 두고 보세요.' 근데 80년대에 대학생들이 데모하고 그래서 점점 민주화가 됐잖아. 그런 애들은 알더구만."

광주 민중 항쟁을 계기로 대학생들이 쏟아져 들어온 감옥은 박순애에게 배움의 장이 됐다. 박순애는 여성 조작 간첩 중에 할머니가 많다는 사실을 알게 됐고, 자기가 왜 조작 간첩이 됐는지도 깨달았다.

"재판을 받고 나서도 내가 왜 한국에 와서 보안법에 걸렸나 몰랐어. 몰랐는데, 학생들 하는 말이 신문에 간첩만 나왔다 하면 할머니들이래. 광주교도소에 들어와 보니까 진짜 보안법이 다 나이 많은 할머니거든. 정말 힘없는 할머니들만 붙들었구나, 죄도 없는데 간첩이다 그 말이여. 그려. 학생들이 그랬어.

학생들이 말을 해줘. 전두환이가 정치를 하기 위해서 사람을 막 무조건 집어넣을라고 보안법이 생긴 거래. 나도 그중에 한 사람이구나 하는 걸 알았어. 정보부가 건수 올리기 위해서, 계급 올리기 위해서 그랬구나 하는 걸 그때서 알았다고. 학생들 들어오고 나서 알았어."

박순애는 박정희 대통령 때 감옥에 들어왔다. 전두환 때문에 국가보안법이 생겼다는 말은 한국 정치 상황을 잘 모른 탓에 한 이야기였다. 그러나 군사주의 정권을 지탱하고 있는 본질은 잘 알고 있었다.

"그전에는 왜 내가 보안법인가 그걸 몰랐어. 일본에 살다가 와서 아무것도 몰랐지. 재판할 때도 그랬어. 내가 일본에 있을 때 한국을 얼마나 그리워했는지 아냐고. 고향이라고 왔는데 수의를 입고 판사 앞에 설 줄은 꿈에도 몰랐다고. 우리나라가 이런 경우 없는 나라인 줄은 꿈에도 몰랐다고. 그 말을 했어, 재판할 때.

학생들은 겁이 없더구만. 막 팍팍 해버리지. 아주 똑똑한 애가 있었어. 1등으로 막 나서가지고 했는갑대. 학생회장이었어. 판사가 너는 왜 재판한 것도 있는데 왜 빠알간 테를 두르고 그러고 날뛰고 댕겼냐 그랬어. 그러니께 벌떡 일어나가지고 한다는 말이 왜 판사님은 의자는 빨간색이오 그래버렸어, 걔가. 머리가 좋아. 영어도 잘하고.

걔들이 툭하면 단식하는데, 단식하면 일주일씩 해. 쓰러져 드러누워 있어. 그럼 소장이 와. 소장이 와갖고 주사도 놔주고 밥 먹으라고 하고 달래. 소장은 서서 이야기하고 걔들은 드러누워서 이야기하고 해. 하하하. 그런 거 보고 막 웃고 그랬어.

운동 시간이 있어. 근데 학생들하고 우리하고 같이 운동을 안 시켜. 같이 시키면 막 통행 방해를 항께. 학생들은 일고여덟 명이 줄을 서가지고 '전두환 죽어라, 전두환 죽어라' 막 뺑뺑뺑뺑 돌아댕겨, 운동하면서. 걔들은 인정사정없어. 반찬이 나쁘게 들어오면 복도로 막 다 던져버려. 그럼 교도관들이 와서 사진 찍느라고 정신이 없어. 사진! 던진 거 사진 찍어. 걔들은 막 떠들고, 운동 시간이 짧다, 운동 시간 길게 하라, 소장 면담 해달라 그래. '소장 면담! 소장 면담!' 하고 복도에

대고 떠든당께. 내 바로 옆에 방에 있던 애는 안동으로
이감을 갔어. 말썽 부리면 이감 보내버려."

박순애는 그 학생들이 하는 운동에 살짝 함께했다.

"내가 교도소에서 책을 주고 다녔어. 복도에 또
요만한 찬장이 있었어. 거기다 책을 넣어놔. 그 책
목록이 있어. 목록을 방방이 전해줘. 이 방 저 방.
목록을 전해주면 그 책을 읽고 싶은 사람이 와서 무슨
책 읽고 싶다고 하고 내가 적어. 누구누구 몇 번. 그
책을 넣어주고, 한 2일이나 3일 그 책을 다 읽었겠구나
싶을 때 가지러 가. 그래서 내 별명이 책 할머니였어.

내가 책을 주고 다니잖아. 나는 말을 할 수가 있어.
책을 주고받고 함께 말을 할 수 있어. 그럴 때 책만 주는
게 아니라 심부름도 살짝살짝 전해주고."

아무리 재밌어도 언제 감옥 나갈랑가 했어

박순애는 감옥에서 빨리 나갈 수 있다는 기대도 했다.

"민주화는 나한테 유리한 거다 싶었지. 교도소 제일
끄트머리 뒤에 울타리가 있거든. 울타리에서 얼마 안
떨어져서 우리 방이 있었어. 양심수 석방하라, 양심수
석방하라, 양심수 누구누구누구, 그런 소리가 다 들려.

그러면 내 이름도 부르면 좋겠다 싶어. 이순희는 불러. 남자들도 많이 부르고. 양심수 석방하라 그러면 그렇게 기분이 좋더구만. 인제 우리한테 유리하다 싶응게 좋지, 안 그래."

아무리 감옥 안의 일상이 즐겁고 의리가 넘쳐도, 왜 조작 간첩이 된 건지 알았다고 해도, 마음 한쪽에는 가석방이라도 받아 감옥을 빨리 나가고 싶다는 생각이 가득했다.

"나는 언제 나갈란가 맨날 생각했어. 점쟁이가 하나 들어왔어. 몇 백만 원 주고 굿을 했는데 살아야 할 사람이 죽어서 고소를 당한 거야. 점쟁이를 쫄쫄쫄 따라 댕겼어. '나 언제 나가? 나 언제 나가겠어요?' 그 점쟁이가 나한테 예순 살 다 살고 나간다고 했는데 딱 맞더라. 왜냐하면 제대로 살면 예순두 살에 나와야 하거든. 그런데 내가 가출옥을 먹었어. 형보다 빨리 나가는 거. 15년 받았는데 12년 3개월 살았으니까 2년 9개월을 덜 산 거야. 즈그도 양심이 있으니께 좀 빨리 내준 거야. 우습지? 슬프기도 하고?"

1989년 겨울, 박순애는 감옥에서 나왔다. 예순 살에서 1년이 모자란 쉰아홉 살이었다.

박순애에게
국가란 무엇이었을까

박순애의 삶 곳곳에 국가가 있었다. 국가가 정의하는 단어인 간첩, 감옥, 고문, 중앙정보부를 겪어왔다. 이 단어들을 내뱉을 때마다 박순애는 몸서리를 쳤다. 박순애가 느낀 감정은 공포였다. 박순애는 모든 일에 자신감이 넘치고 똑똑했지만, 국가라는 단어 앞에서는 한없이 작아졌다.

박순애는 국가 최대의 적인 간첩으로 몰렸다. 죄를 뒤집어쓴 대가로 12년 3개월을 감옥에서 살고 나왔지만, 죄를 씻지는 못했다. 진짜 벌은 감옥을 나온 다음부터 시작됐다. 보호 관찰을 받았고, 가난해서 평생 일해야 했다. 소문과 낙인에 시달렸다. 박순애의 삶은 국가 권력이 잔인한 방식으로 작동할 때 한 개인이 얼마나 짓눌려 살아가는지를 잘 보여줬다.

그렇게 국가 권력을 일생 동안 한 몸으로 받아내던 박순애는 무죄 판결이라는 승인을 얻어서 국가에 다시

편입됐다. 국가는 사죄 대신 무죄라는 말을 쓰며
박순애를 재편입시켰다.

박순애에게 물었다.

"박순애에게 나라는 뭐였어?"

"나는 나라를 언제고 원망했지."

박순애에게 국가는 원망의 대상이다. 나는 국가에
어떤 감정을 느끼지 않았다. 20대부터 국가가 정한
방침이나 규범에서 모순을 찾고 저항하는 활동가로
살고 있지만 국가에 관해 박순애만큼 분노하지는
않았다. 국가의 본질에 무지하다기보다는 국가의
보호를 받으며 살아온 때문이었다. 국가가 안겨준
고통을 겪은 적이 없고 국가 때문에 내몰려본 적 없는
내가 일생을 내몰리면서 살아온 사람을 이해하는 일은
쉽지 않았다.

텔레비전에서 세월호를 다룬 뉴스를 보던 박순애가
이야기했다.

"아이고, 저 때 학생들 많이 빠져 죽었다고 했나.
불쌍해."

"맞아. 저 때 사람들 많이 죽었지."

나를 구하지 않았잖아

세월호 사건이 일어난 날 나는 집에 있었다. 엄마는
배가 가라앉고 있다는 뉴스를 보며 발을 동동 굴렀다.
구하지 않는구나, 가라앉는 배를 보면서도 구하지
않는구나, 처음 느꼈다.

"할머니, 국가를 원망한 이유가 뭐야?"

박순애는 당연한 것을 묻느냐는 말투로 답했다.

"나를 구하지 않았잖아!"

국가는 박순애에게 보호자인 적이 없다. 오히려 국가
안전이라는 핑계를 대면서 박순애를 적으로 내몰았다.
박순애는 한창 진실화해를위한과거사정리위원회
(진실화해위)에 자기 억울함을 밝혀달라고 신청하던
때를 이야기했다.

"무죄가 안 나올까 봐 무섭지 않았어? 무죄 안 줄
수도 있잖아."

박순애는 단박에 대답했다.

"무섭지 않았어. 내가 무죄니까(죄를 짓지 않았으니까)
간첩이라고 나올 일은 없지. 나올 리가 없었어. 그리고
내가 신청할 때는 우리나라가 진보돼가는 나라니까
내가 간첩이 될 일이 없다는 걸 난 알았어."

박순애는 한국이 진보했다고 이야기했다. 박순애가

말하는 진보는 자기가 또다시 간첩이 될 일이 없다는
의미였다. 자기가 겪은 억울한 사건을 되풀이하는 대신
늦기는 해도 무죄를 줘 국가가 자기를 구해준 만큼
한국이 진보했다고 생각했다.

박순애와 나는 진보에 관한 감각이 달랐다. 그러나
1992년생 김혜미의 국가와 1930년생 박순애의 국가는
많이 다르지 않다. 도돌이표처럼 2014년 세월호
참사가 일어난 순간 국가는 아무도 구하지 않았다.
배는 가라앉는데 사람은 나오지 않았다. 구하지 않는
국가라는 본질은 박순애가 감옥을 나온 1989년하고
다르지 않다고 생각했다. 세월호 사건이 일어났고,
아직도 원인을 제대로 밝히지 못했다. 여전히 진보하지
않은 국가라고 이야기하고 싶었다.

박순애는 자기가 겪은 일이 거스를 수 없는 운명이나
숙명이 아니라 부당한 시대가 가한 국가 폭력이라는
사실을, 오롯이 자기 스스로 나서서 주변 사람의
도움을 받아 끝내 증명했다. 박순애는 최선을 다했다.
우리 시대의 진보는 나와 내 시대를 살아가는 사람들의
몫이다. 박순애가 말하는, 원망의 대상이 되지 않는
국가를 끈질기게 요구하면서 우리의 몫을 다해야 한다.

다시 집에 갈 수 있을까

"시간 되면 내가 있던 교도소에 다시 가보고 싶기도 해."

"정말? 거길 다시 가보고 싶다고? 왜?"

박순애는 고개를 저었다.

"아니야. 안 가는 게 낫겠다."

왜 그런 마음이 드냐고 캐물어도 박순애는 대답하지 않았다. 고통스러운 일을 겪은 장소에 다시 가면 나쁜 기억들이 떠오른다. 나쁜 기억을 직면하는 일은 용기가 필요하다.

집을 나오고 나서 집 근처에 절대 가지 않았다. 집을 생각하면 화나고 무섭고 두렵고 눈물이 나고 끔찍했다. 집 근처 지하철역 이름만 들어도 구역질이 나고 심장이 두근거려 견딜 수가 없었다. 꼭 가야 할 일이 있으면 모자를 썼다. 가족을 마주칠까 봐 떨었다. 만약 가족을 마주친다면 어떤 표정을 지을지, 무슨 말을 할지, 어디로 피해야 할지 계속 생각했다. 교도소에 다시 가보고 싶다는 박순애의 마음을 짐작할 수 없었다.

그러다 선감학원 피해 생존자를 만나 나눈 이야기가 떠올랐다. 피해 생존자가 선감학원이 있던 선감도를 인터뷰 장소로 선택해서 놀랐다. 다른 곳도 많은데 어떻게 다시 올 수 있냐고, 기억들이 떠올라서 괴롭지 않느냐고 물었다. 내 물음에 별다른 답을 하지 않던 피해 생존자는 인터뷰가 끝날 때쯤 이렇게 말했다. 이 말이 내 질문에 하는 답인지는 알 수 없지만, 연관은 돼 있다고 생각했다.

"나중에 가능하다면 선감학원 있던 곳 옆에다가 집 짓고 살고 싶기도 해요."

생각지도 못한 말이었다. 때로는 시간에 속아 고통이 엷어진다고는 해도, 내 삶을 뒤흔들고 바꾸어버린 곳, 심지어 아직도 문제가 해결되지 않은 곳 옆에서 이렇게 이야기하는 이 사람이 어떻게 살아왔을지 짐작하기가 힘들었다.

아픔은 계속될 수밖에 없다는 이야기가 나올까 봐 두려워서 더 묻지 못했다. 그 시간들을 통과하고 있는 사람은 절대 꺼낼 수 없는 말을 들으면서 그 마음과 말을 이해할 수 없었지만, 이 사람이 견뎌온 시간들은 생각해볼 수 있었다.

'나도 나중에는 집을 똑바로 바라볼 수 있을까?'

똑바로 바라볼 수 있다는 말은 용기가 생겼다는 뜻이다. 그렇지만 집으로 돌아가고 싶지는 않다. 집을 생각하며 자주 울었다. 남들은 집이 그리워서 운다지만 나는 집을 잃은 듯해서 울었고, 집이 원래부터 없는

듯해서 울었다. 집이 없는데 집으로 돌아가고 싶기도
했다. 어디로 돌아갈지도 모르면서, 돌아가고 싶지
않지만 돌아가고 싶기도 했다. 박순애도, 내가 만난
피해 생존자도 비슷한 마음이었을까. 두 사람의 마음을
헤아릴 수 없다. 다만 추측할 뿐이었다.

교도소 나와서
막막했어

가난한 사람의
영리함에 관하여

박순애는 사람들에게 돈 나눠주기를 좋아한다. 찾아온 사람들에게 용돈을 턱턱 내어준다. 2박 3일을 박순애 집에서 보낼 때, 마지막 날 박순애는 차비라면서 50만 원을 주려고 했다.

"가져가라. 이거 차비 하고, 오느라 고생했을 텐데."

"할머니, 이게 뭐야? 나 이 돈 안 받아, 싫어."

도망가는 나를 박순애가 붙잡았다.

"월 200만 원은 버냐? 아니잖아. 받어."

박순애가 쥐여주는 돈이 어디서 나왔는지 너무 잘 알아서 끝내 받지 않았다.

외로워서 돈을 나눠주지

그때 박순애에게 기부를 부탁하러 온 사람들이 있었다. 같은 임대 아파트에 사는 사람들이었다. 사람들은 좋은 일에 쓰려고 하니 2000만 원을 기부해달라고 했다.

박순애는 사리 분별이 뛰어나서 써야 할 돈과 쓰지 말아야 할 돈을 분명히 구분한다. 머리가 좋아서 어느 가게가 수박이 몇 백 원 싸고 어느 때 마트에 가야 괜찮은 물건을 싼값에 가져올 수 있는지 꿰고 있다. 내가 알맞은 월급을 받는지도 항상 궁금해했다.

박순애가 사람들에게 한마디 던졌다.

"돈 줄 사람한테는 다 줘서 돈 없다."

박순애는 기부해달라는 부탁을 거절했지만, 찾아온 사람들에게 20만 원씩 주면서 모두 100만 원을 썼다. 왜 사람들에게 돈을 턱턱 주는지 이해할 수 없었다.

"할머니, 사람들한테 나눠준 돈, 할머니가 고문받고 죄가 없어도 죄인처럼 낙인받고 살아온 시절에 대한 대가잖아. 할머니 먹고 싶은 거, 사고 싶은 거, 하고 싶은 거 다 하고 살아야 해요."

박순애가 웃는다.

"그렇게 말해줘 고마워. 이제 네 말대로 나 하고 싶은 대로 하면서 살게."

말은 이렇게 해도 어차피 박순애는 사람들에게 계속 돈을 나눠줄 거다. 사람들은 돈이 없던 박순애를 조작 간첩이라고 손가락질하다가 박순애에게 돈이 생기니까 돈을 달라고 했다. 궁금해서 물었다.

"할머니, 왜 자꾸 사람들한테 돈을 주는 거야?"

"그거야 내 마음이지. 내 돈인데."

그러다가 박순애가 덧붙인다.

"외로워. 근데 돈 생기니까 사람들이 찾아왔어."

외로워서 돈을 준다니 당황했다. 나는 돈이 없어서
그런지 돈으로 외로움을 푼 적은 없었다. 생각해보니
외로울 때 돈은 아니지만 남에게 무엇을 준 적이
있었다. 관계를 유지하고 싶어서 상대방 눈치를 보거나
본 것을 못 본 척하기도 했다. 자존심이 상했지만 꾹
참고 웃기도 했다. 이렇게 노력해도 관계에서 오는
외로움이나 고독은 달라지지도 달래지지도 않는다.
보상이 없는 노력은 더 비참했다.

박순애가 자꾸 사람들에게 돈을 주는 마음을 조금
이해할 듯하면서도 박순애를 찾아온 사람들에게 미운
마음이 들었다. 박순애를 찾아온 사람들의 눈빛,
박순애에게 건강하라며 잡던 손들, 내가 자주 찾아올게
하고 말하던 입술이 떠올랐다.

나한테 억울한 소리 한 사람은 일찍이 죽더라

박순애에게 사람들이 당신 이야기를 아느냐고 물었다.

"이 동네에서도 (나한테) 간첩이다, 내 뒤에다 뭐라고
했어. 재밌는 게 서울에 과거사위원회(진실화해위) 가서
하룻밤 자고 조사를 받거든. 그럼 여관에서 자든지 해.
근데 동네에 서울에 조총련 회의 다녀왔다며 소문이
났어, 허허. 서울에서 무슨 조총련 회의가 있냐.
서울에서 조총련 회의를 하면 어떡해. 허허."

"그런 황당한 일 겪으면 가서 따지거나 할 텐데,
어떻게 했어?"

"안 따졌어. 따져 봤자야. 안 들은 척했어. 나 혼자
삭혔어. 내가 무죄 되고 나서도 누구한테도 무죄 됐단
말 한마디 안 했어. 뭐라고 무죄 됐다고 해."

"이렇게 억울하게 살았는데, 당신들이 수군거린
이야기가 다 거짓이라고 말하면 더 좋았을 텐데."

박순애는 웃기고 기가 막히는 말로 답한다.

"그런 사람은 다 죽었어. 옆집 살던 여자가 나한테
간첩이라고 그랬거든. 서울 조총련 회의에 다녀왔다고.
근데 그 여자 요양원 가서 죽었어. 치매 와가지고.
나한테 억울한 소리 하고 나쁘게 한 사람은 일찍이
죽더라."

모른다는 생각이
만들어내는 인간

사람들은 큰돈을 빌리러 은행에 가지만, 은행은 가난한
사람에게 돈을 빌려주지 않는다. 박순애를 찾아온
사람들은 그 사실을 알았다. 목적을 달성하려면 어디로
가야 하는지 잘 알고, 영리하고, 재빠르고, 당당했다.

　박순애를 찾아온 사람들을 미워하는 내 마음은 가진
사람들이 가난한 사람에게 내비치는 혐오에 맞닿아
있었다. 박순애가 가진 돈의 의미를 모르는 몰염치한
인간들이라는 멸시와 조롱, 윤리적 판단을 한껏 버무린
편견이었다. 그러나 게으르고 무지하며 의미도 모르는
쪽은 박순애를 찾아온 사람들이 아니라 바로 나였다.
내 시선이 문제였다.

　가난한 사람이 문제가 아니라 가난이 문제라고 늘
생각해왔다. 그런 내가 박순애를 찾아온 사람들의
행동을 쉽게 판단했다. 가난하고 지위 낮은 사람들을
비난하는 시선을 그대로 따라 행동했다.

몇 년 전 발달 장애인 업무를 조력하는 일을 잠깐 했다. 근로 지원은 말 그대로 발달 장애인의 노동을 지원하는 일인데, 이해하기 어려워하는 지시 사항을 잘 풀어서 말해주는 등 업무를 잘할 수 있게 돕는다. 행정 문서에 적힌 문장만 볼 때는 장애인 근로자가 일을 주도하고 근로지원인은 보조인 듯싶지만, 실제로는 위치가 쉽게 뒤집힌다. 근로지원인이 발달 장애인이 하는 일을 주도하고 가르치는 자리에 서기 쉽다.

근로지원인을 하면서 발달 장애인을 처음 만났다. 한 공간에서 스치면서 인사를 나누는 사이이지만 살을 맞부딪히며 매일 뭔가를 해야 하는 일은 처음이었다. 발달 장애는 알았지만 발달 장애를 가진 사람인 발달 장애인은 잘 모르기 때문에 무엇을 해야 할지 늘 고민했다. 처음에는 친해지려 노력했다. 퇴근한 뒤에 카페도 들르고 영화관도 같이 갔다. 일하느라 힘들어하면 점심시간에 우리끼리 몰래 노래방도 갔다 왔다. 조금씩 친해졌고, 같이 일하고 있는 당사자들을 많이 안다고 생각하기 시작했다.

안다고 착각하면서 기다리지 못하는

발달 장애인을 기다려주지 않는 사회에서 장애인과 비장애인이 함께 있을 수 있는 공간은 새롭고 혁명적일 수밖에 없다. 그렇지만 혼란스럽기도 했다. 혼란이 벌어지면 사회가 기준으로 정한 속도를 들이밀 때가 많아졌다. 발달 장애인이 노동을 잘 수행하는 데 가장 필요한 자세는 기다림이었다. 발달 장애인들이 무엇을 이해할 수 있을 때까지 충분히 기다리고, 다시 물어보면 다시 대답하고, 당사자가 이해할 수 있도록 쉬운 언어로 풀어내며, 그 언어가 삶에 스며들 때까지 설명하고 또 설명해야 했다.

그런데 발달 장애인이 일을 해내지 못할 때면 내가 초조해졌다. 지원하는 발달 장애인이 해야 할 일을 내가 종종 대신했다. 일을 잘하지 못하면 발달 장애인에게 짜증을 부리고 화를 냈다. 함께 일하는 사람들은 이런 초조함을 알아주려 애썼다. 발달 장애인이 일을 제대로 못해도 괜찮다고 조언했다. 나는 1년 단위로 계약하는 비정규직이라서 그 기간 안에 발달 장애인하고 뭐라도 해내야 한다는 압박을 느끼고 있었다.

내가 지원하는 사람을 언제나 발달 장애인으로 봐야 하는 건 아니지만, 그 사람이 발달 장애를 가진 사실을

염두에 두지 않으면 비장애인인 내가 장애인에게
권력을 휘두르는 순간이 쉽게 찾아온다. 나도 가해자가
될 수 있다.

피플퍼스트 대회 때 기억도 떠올랐다. 피플퍼스트는
발달 장애인들이 직접 기획하고 내용을 만들고 권리
보장을 요구하는 대회다. 무대에 서서 자기 권리를
주장하고 '나는 정당하다'는 구호를 외치며 주인공이
되는 날이다. 그런데 나는 그날에도 기다리지 못했다.
시간이 없어서 '빨리빨리'를 외쳤고, 그러다보면 답답한
마음에 모든 일을 주도했다.

"이거 하면 시간이 없어요."

"우리는 지금 저기에 갈 수 없어요."

싫다고 하지도 않고 모두 내 말을 잘 따랐다.
대회가 끝나고 숙소에 돌아와서도 기다리지 못하는 내
모습은 계속됐다. 다들 바다에 가기로 했는데, 한 명이
오락실에 가고 싶다고 했다. 한 시간 넘게 설득하다가
그럼 혼자 가라고 협박하듯 말했고, 내 협박에 못 이겨
그 사람은 결국 바다에 가기로 마음을 바꿨다.

바다에 도착했다. 모두 신나게 놀았다. 나는 놀지
못했다. 바다에서 찍은 사진을 보면 웃고는 있었지만,
사실 그날 나는 잔뜩 긴장했다. 한 사람이라도 놓칠까

봐 바다는 보지도 못했고, 누가 어디로 가겠다고 하면 무조건 제지했다. 신발 젖지 않게 조심해라, 무릎까지 바지 올려라, 바다 깊이 들어가지 마라. 그런 나를 보고 사람들은 엄마 같다며 놀렸다.

쉬지 않고 떠들어서 너덜너덜해졌다. 다른 정체성을 지닌 사람들이 함께 노는 일이 이토록 어려운지 몰랐다. 실패하고 부족해도 같이 나누고 일하려 하지 않은 나 때문이었다. 노는 모습을 감시하듯 바라보면서 언제쯤 함께 놀 수 있을까 하는 생각만 했다.

세상은 발달 장애인이 위험과 실패를 통해 무엇을 해도 되고 하지 말아야 하는지 미리 경험할 기회를 주지 않는다. 안전한 곳에만 머무르게 한다. 나도 그랬다. 바다에 들어갈 때 바지를 걷지 않으면 젖을 수 있고, 젖으면 그 바지를 입고 숙소까지 가야 한다는 점을 공유하면 더 좋았겠다. 발달 장애인이든 누구든 몸만 함께 있지 않고, 비슷한 경험을 하고, 같이 놀던 경험을 떠올리면서 비슷한 느낌을 말하는 세상이 되면 좋겠다. 아직 많이 기다려야 할 듯하다.

일도 비슷했다. 내가 몸담은 공간도 일터라서 오래 기다릴 수 없었다. 속도를 내야 했다. 그렇지만 일은 속도가 나지 않았다. 느린 속도는 그 사람들 잘못이

아니라는 점을 잘 알고 있었지만, 나를 무력하게
만들었다. 문제의 원인을 알아도 원인이 우리 탓만은
아니라서 내가 할 수 있는 일이 많지 않았다.

장애인이 아니라 직장 상사였다면

반복되는 이런 상황이 너무 힘들어서 친구에게 푸념을
늘어놓았다. 가만히 내 말을 듣던 친구는 말했다.

"너무 쉽게 화랑 짜증을 내는 거 아냐?"

나는 수긍하지 않았다. 내가 짜증 부리고 화를 내는
맥락을 설명하고 업무 지원을 할 때 마주치는 어려움을
이야기했다. 친구는 다정하면서도 단호했다.

"만약 발달 장애인이 아니라 비장애인 직장 상사라면
똑같이 화를 낼 수 있겠냐?"

아무 말도 못 했다. 맞는 말이었다. 뭘 하지 말라고
하고, 못한다며 짜증내고, 무시하는 태도가 당사자를
얼마나 위축시키는지 나는 잘 알았다. 발달 장애인들이
나선 기자 회견에서 그런 이야기를 자주 들었다. 그런
말에 고개를 끄덕이면서 발달 장애인을 만나면 절대로
그렇게 하지 않겠다고 여러 번 다짐했다. 어느 순간
나도 그런 행동을 똑같이 하고 있었다.

사람이 언제 가해자가 되는지 알고 싶어서 여러 책을 찾아보거나 사람들에게 물었다. 나와 상대방이 권력 차이가 있다는 사실을 잊을 때, 사회의 시선을 손쉽게 따를 때였다. 관계에서 긴장을 잃어가던 순간부터 나는 쉽게 화가 나고 짜증을 냈다. 어느 정도 익숙해져 같이 밥도 먹고 놀러도 다니면서 친밀한 순간들이 쌓여 그 사람의 많은 부분을 안다고 생각하게 된 때였다.모른다는 상황에서 오는 긴장을 완전히 잃어버린 채 안다고 생각하는 순간, 나는 완전한 가해자가 될 수도 있다. 뉴스에는 비장애인이 장애인을 때리고 이용하는 범죄들이 자주 나온다. 어떤 장애인 거주 시설은 쉽게 통제하려고 약을 먹인다. 이런 이야기들을 들을 때마다 어떻게 사람이 사람한테 그럴 수 있냐고 생각했다.

많은 가해자가 처음부터 가해자는 아니다. 시작은 사소하다. 장애를 지닌 사람은 모두 똑같으며 장애인을 안다고 생각한 순간부터 쉽게 화내고 짜증을 낸다. 서서히 장애인을 통제하려 한다. 나도 다르지 않다. 내 잘못을 지적하는 친구가 없다면 나도 가해자 자리에 서 있을 수 있다.

모른다는 생각이 인간으로 만든다

또다시 나는 박순애를 찾아온 사람들에게 가해자가 될 뻔했다. 사회가 강요하는 가난에 관한 편견을 그대로 따르기 시작하면서, 가난한 사람을 모른다는 긴장감을 잃기 시작하면서 그렇게 됐다.

가난을 조금은 안다고 생각했다. 어떤 제도가 가난을 만들고 지속하게 하는지, 가난은 어디서 시작돼 어떤 상황으로 이끄는지 같은 것들 말이다. 그러나 가난은 알아도 가난한 사람은 몰랐다.

수은주가 최고점을 찍던 날, 동자동 쪽방촌에서 모르핀을 맞으며 누워 있는 사람을 인터뷰하다가 너무 더워 방문을 벌컥 열고 뛰쳐나갔다. 나는 절대 가난한 사람들을 이해할 수 없다는 사실을 깨달았다. 취재를 핑계로 쪽방촌을 들락날락하면서 가난을 체험만 하고 있을 뿐이었다. 안도감을 주면서 굴욕감도 느끼게 하는 사실이었다.

우리는 가해와 피해의 경계를 유동하면서 살아간다. 피해자는 영원한 피해자로 살지 않고 가해자는 영원한 가해자로 살지 않는다. 내가 가해자가 될 수도 있다는 긴장을 놓지 않고 살아갈 때만 나는 가해자가 되지 않을 수 있다. 나도 가해자가 될 수 있다는 사실을 알

때 나는 인간으로 피어난다. 그럴 때 우리는 남을 덜 가해할 수 있다.

가해는 안다고 착각하는 상태에서 생긴다. '안다'의 대상은 대부분 범주화된 존재다. 그런 앎은 사회적 편견이다. '모른다'는 생각은 그 범주를 해체하며 내가 가해자가 되지 않도록 경계를 지어준다. 생각해보면 그랬다. 상대가 사람이건 사물이건 동물이건 나는 '내가 마주하는 대상이 무엇인지 모른다'는 긴장 상태에서 예의를 지켰고, 궁금해했고, 두려워했고, 존중했다.

무엇을 안다고 자신하던 과거를 되새기다가 얼굴이 빨개졌다. 얼굴을 가리려 이불을 끝까지 뒤집어썼다. 내가 계속 뒤척대자 잠에서 깬 박순애는 물었다.

"왜 뒤집어쓰고 있어. 에어컨 더 시게 켜줘? 추워서 그러는겨?"

낮에 혼자 방방 뛰면서 분노하던 내 모습이 떠올라 얼굴이 빨개져서 이불 뒤집어쓰고 있다고 구질구질하게 말할 수는 없었다. 민망했다.

"추워서 그래요. 신경쓰지 말고 주무세요."

박순애는 곧바로 코를 골았다. 잠들기 전까지 얼굴이 식지 않아서 이불로 부채질을 했다.

따가운 눈초리를 견디며 살아낸
가난한 몸과 시간들

박순애는 교도소에서 나와 가족들을 찾아갔다. 가족은
박순애가 출소한 사실을 신문에서 알았다. 서울에 사는
큰오빠네 조카가 출소한 박순애를 초대했다. 박순애는
진해에 사는 작은오빠하고 같이 그 조카를 만나러 가고
싶었다. 진해로 갔다. 작은오빠네 가족들은 따가운
눈초리를 보냈다.

"진해 있는 오빠 집으로 갔어. 근데 조카가 그러더라.
'당신 누구요?' 아무 말도 안 했지. 지 아버지가 고문을
당해서 고생을 많이 했다 그거야. '당신이 우리 집에 올
사람도 아니고 이 사람을 보고 울 자격도 없소' 하더라.
내가 오빠 보고 '오빠야' 하고 울었거든. 그런데 '우리
집에서 나가시오' 그러더라.

어찌저찌해서 작은오빠랑 서울로 갔어. 다섯 식구가
음식을 장만해서 나를 대접하더라. 초대한 조카가
부탁을 했어. '고모가 아무것도 모르니 혼자 광주로

보낼 수는 없소. 그러니까 작은아버지 집 옆에다가 방을 얻어서 사시면 우리가 생활비를 보내드리리다. 그러니 주위에 어디 변두리라도 모시면 안 되겠소.'

작은오빠는 허락을 했어. 근데 올케언니가 반대했어. '고모가 좋으면 니놈의 새끼들이 있는 서울에서 데리고 살아라. 왜 진해까지 보내냐. 진해에 보내면 내 자식들 다 이혼당한다.' 그러면서 말이야. '니 애비 때문에 우리가 전주에 가서 얼마나 고생을 하고 온 줄 아냐. 근데 뭐 고모를 보낸다고?' 올케언니가 그러더라고. 이 말 때문에 지금도 마음이 안 풀렸어. 왜 돌아가신 큰오빠 욕을 하냐. 큰오빠만 살아 있어도 내가 서울에 있었지. 일이 이렇게 되니까 작은오빠가 20만 원을 주더라고. 올케 몰래 모은 돈이라고 급한 대로 쓰라고.

그렇게 나 때문에 야단이 났어. 누구네 집에 있는 게 서울도 마땅치 않고 진해도 올케언니가 반대하고, 그래 광주로 왔어. 광주에 혼자 있는 게 낫다 싶어서."

교도소 나와서 막막했어

그래도 박순애를 반기는 이가 있었다. 따가운 눈초리들 사이에서 따스한 눈길을 보내준 사람. 일본에서 살 때 시작하긴 했어도 단식원 운영에서 나오는 수익으로는 어렵게 생계를 꾸리는 정도지 자녀들의 학비 보태기는 턱없이 부족하다고 털어놓는다.

박순애씨(60·광주 광산구 월곡동 시영임대아파트)는 여자로서는 유일하게 전남에 거주하고 있는 출소 장기수다. 그녀는 재일동포와 결혼해서 생활하던 중 조총련을 만나 북한에 다녀왔다는 혐의로 구속됐다. 그러나 그녀는 그런 사실 자체를 부인하며 '억울한 누명'을 쓰고 반공법 위반으로 12년간의 옥살이를 했다고 주장한다. 그녀의 옥살이가 억울한가 아닌가를 떠나서, 그동안의 옥살이는 평범했던 한 여인의 삶을 송두리째 파괴시켜버렸다. 일본의 가족과는 완전히 연락이 끊어졌을 뿐 아니라 한번 가서 그들의 생사를 확인하고 싶어도 출국 여권이 나오지 않기 때문에 갈 수 없는 처지다. 서울, 부산, 전주 등지에서 살고 있는 친척들 곁에서라도 살고 싶지만 그들이 그녀가 가까이에 산다는 사실을 꺼리기 때문에 아무 연고도 없는 광주에서 누구를 이끌고 홀로 살아가고 있다. 가정부생활을 하면서 어렵게 생계를 이어가지만 몸이 약한 그녀는 조금만 고된 일을 해도 몸져 눕는다. 지금도 몸이 아파 병원엘 가고 싶어도 병원비가 없어 그냥 참고 지낸다는 것이다. 그녀의 유일한 희망이라면 '억울한 누명을 벗는 일'이라고 한다.

"제발 남북이 통일 돼 다시는 나와 같은 억울한 반공법(국가보안법)의 희생자가 나오지 않는 사회가 됐으면 좋겠어요."

그밖에 남민전에 연루돼 형을 마치고 출소한 임동규씨(54)는 '민족무예도장 경당'을 만들어 감옥에서 손수 익힌 전통무예를 전국 각지에 전파하고 있으며, 28년간의 오랜 감옥생활을 한 윤기남씨(68)는 장사를 하고 있으나 신통치 않다. 유락근씨(65)는 서예에 몰두하고 있고, 봉주옥씨(81)는 백흥기씨와 함께 장성의 양로원에서 생활하며, 양용수씨(59)는 병원 경비원으로 생계를 이어가고 있다.

사회적 무관심이 가장 무서워

이들은 서로 만나기도 쉽지 않다. 비록 서로 근황이라도 확인하기 위해 한번이라도 만날라 치면 정보기관의 눈치를 의식하지 않을 수 없기 때문이다. 누구보다도 이런 피해를 직접 체험하며 살아온 사람들이기 때문에 대부분 서로가 일부러 만나는 것을 피하는 편이다. 그들이 만날 수 있는 기회는 누군가 사망했거나 결혼식이 있을 때다. 조문, 혹은 축하차 들러 잠시 서로 안부를 확인하는 것이 전부이다.

이 지역에 거주하는 무의탁 출소 장기수들의 공통된 바람은 어떻게든지 스스로 생계를 꾸려나갈 수 있는 '자활대책'이라고 입을 모은다. 남에게 도움을 받는 것도 한두번이지 언제까지나 의탁할 수는 없기 때문에 스스로 일할 능력이 있는 사람에게는 어떤 형태로든 일자리를 마련하는 것이 가장 급선무라는 것이다. 개인 차원에서 아무리 노력해도 사상범이라는 전과 때문에 번번이 퇴짜를 맞는 이들로서는 절박한 문제가 아닐 수 없다.

이와 관련 얼마전 서울지역에서 거둔 '사랑의 집' '만남의 집'등의 성과는 주목할만하다. 서울에서는 기독교 인권단체나 김찬국(연세대 전 부총장), 박완서씨(소설가) 등 사회 저명인사들이 참여해 '사랑의 집' 건립 추진 운동을 벌여 일정한 결실을 거뒀다. 지난 91년 11월 서울 제기동 경동한약상가 안에 25평짜리 점포 전용 한옥 1채에다 '민중탕제원'을 차려 무의탁 출소 장기수들이 자활할 수 있는 대책을 마련한 것이다. 사회안전법으로 옥고를 치른 출소자 4명이 여기서 공동으로 생활하면서 한약을 달여 팔아 스스로 자립의 터전을 굳혔다. 민중탕제원 외에도 '만남의 집' 등 두군데나 더 이들이 생활할 수 있는 장소를 마련했다. 학생 단체나 인권단체는 물론 각 직장쪽에서까지도 성금이나 각종 생활용품이 답지했다는 것이다. 여기에 비해 광주지역에서 이들에게 쏟는 관심은 지금까지 거의 전무한 상태라고 해도 틀림이 없는 실정이라고 이정강씨(광주NCC 인권위 간사)는 말한다.

이런 재활대책과 더불어 북이 고향이거나 6·25 때 내려왔다 후퇴하지 못한 김국흥, 합세룡 노인 등은 하루빨리 가족의 품으로 돌려보내야 한다는 게 인권단체 관계자들의 생각이다. 가족이 북에 생존해 있다는 사실이 확인된 이상 이인모 노인과 마찬가지로 인도적 차원에서 송환되어야 한다는 것이다. 〔環〕

"석방된 장기수 가족에 버림받고 사회적 무관심에 우는 회한의 세월 '내청춘 조국에 바쳤건만 돌아오는 건 차가운 눈초리뿐'",《월간 예향(月刊 藝鄕)》1993년 8월호(통권 107호), 광주일보사, 80쪽. 이 기사에서 박순애는 유일한 희망이 '억울한 누명을 벗는 일'이라고 하면서 이렇게 말했다. "제발 남북이 통일 돼 다시는 나와 같은 억울한 반공법(국가보안법)의 희생자가 나오지 않는 사회가 됐으면 좋겠어요."

친하게 지낸 강아세였다. 박순애는 교도소에 있을 때도 강아세에게 가장 먼저 편지를 했다. 강아세는 박순애가 죄도 없이 감옥에 잡혀 들어간 사실을 알고 화를 냈다. 박순애가 무죄라고 믿었다. 2001년 보호 관찰이 풀리고 여권이 발급되자마자 박순애는 가장 먼저 강아세를 만나러 일본으로 달려갔다. 강아세는 몸은 멀리 떨어져 있지만 마음에 가장 가까이 붙어 있는 사람이었다.

박순애는 출소하자마자 한국에 찾아온 강아세하고 신라호텔에서 3박 4일을 만났다. 즐거운 만남도 잠깐일 뿐이었다. 박순애 앞에는 차가운 현실이 놓여 있었다. 몸을 누일 작은 공간조차 없는 가난한 독거노인이라는 현실 말이다. 초반에는 사람들의 따스한 손길 덕분에 살아갈 수 있었다.

"나 교도소에서 나와서 막막했어. 돈이 없어서 방을 얻을 수가 없었어. 우체국에서 불로동까지 쭈욱 길이 하나 있거든. 거기에서 방을 얻으러 댕기는데 여인숙에 '달방 있음'이라고 써 있더라. 들어가서 달방 있냐고 물었더니 있다고 그래. 한 달에 얼마냐고 하니까 12만 원이래. 방은 꽤 커. 그 방을 얻었어.

그 방을 얻어갖고 박스 두 개 넣고 살고 있는데, 거기 여인숙네 주인이 걸작이야. 사직공원이라고 있어. 그

박순애가 출소하고 난 뒤 일본에서 가장 친하게 지낸 강아세하고 주고받은 편지 봉투들. 대부분 다정하게 안부를 묻는 내용이라고 한다.

주인이 아침마다 거기 운동하러 가. 가서 돌기도 하고 철봉도 하고 그 여자가 그러고 와. 누가 서랍이 여섯 개 있는 자개농을 버렸더래. 그 여자가 서랍 한 개씩 이고 집에 오는 거야. 나 줄라고. 사직공원에서 솔찬히 멀어. 큰길로, 버스 댕기는 데로 건너와야 하고 그래. 근데 여섯 번을 댕겨갖고 자개농을 내 방에 갖다가 해줬어. 밤에 와서 보더니 꼴에 야광이네. 저녁에 빤짝빤짝해. 하하하하. 그러고 살았어.

달세방 얻어서 살고 있는데, 임대 아파트가 생겼다고 동사무소 직원이 말해줘서 신청을 해가지고 당첨됐어. 근데 120만 원을 줘야 들어가. 돈이 한 푼도 없었어."

임대 아파트 당첨이 됐는데 돈이 없어

"달세방에 찾아오던 보험 회사 직원이 보험을 하나 넣으면 자기가 그 돈을 빌려준다고 그랬어. 내가 이 말을 교도소 김 부장한테 했어. 감옥 있을 때 친했거든. 아파트 당첨이 됐는데 돈이 없어서 보험 회사 직원이 빌려서 주기로 했다고. 근데 김 부장이 즈그 남편한테 내 말을 전했나봐. 그랬더니 부장 남편이 '보험은 안 된다, (보험 회사 직원이 빌려주는) 120만 원은 사채나 마찬가지다. 돈을 안 주면 뭐라도 압류해서 가져갈 거다. 절대 보험 넣지 마라' 이러면서 그 돈을 자기가 빌려준다고 했어.

그 돈을 빌려가지고 은행에다 넣고 열쇠를 얻었어. 근데 나 살던 달세방 월세가 6개월 치 밀렸어. 왜냐하면 감옥에서 나오자마자 가정부 생활을 했는데, 일이 너무 많아서 내가 하루에 세 시간밖에 못 잤어.

쌓이고 쌓여서 혈압이 온 거지. 병원에서 입원하라고 했어. 근데 돈이 없응께 통원 치료를 하겠다고 그랬어. 5분 거리에 있거든, 병원이. 집에 와서 이러고 드러누워 밥을 할 수가 있냐? 밥을 제대로 먹을 수가 있냐?

여인숙 주인이 좋은 사람이라 밥해서 나를 멕이고, 죽 쒀서 멕이고. 방세도 일절 안 받고. 참 좋은 여자야. 그이가 '방세를 못 내도 좋으니까 다른 데 가지 말고 우리 집에 있으시오' 그랬어. 6개월을 안 받어. 거기서 꽁밥 먹고 공짜 잠 자고 있는 거라. 그래도 걱정을 했어. 방세는 밀렸지, 이사할 돈은 없지 어쩔 거냐.

내가 가정부 생활을 한 집이 있어. 하정동에 친하게 다니는 치과 의사가 있었어. 치과 의사가 하는 말이 아주 천주교 신자라 그 사람도 그렇고 가정부 한 집도 그렇고, 이 보안법에 대해서 이해를 많이 해. 억울하게 산 걸 자기네들은 믿는다 그거야. 지금 우리나라 정치가 보안법으로 인해서 유지해 나간다, 보안법이 아니면 정치를 유지할 수 없다고 그러면서 말을 하더라고. 내가 치과 의사한테 가서 이빨을 몇 번 빼고 그랬는데 돈이고 카드고 안 받고 그냥 공짜로 빼줘.

물에 빠진 사람 건져놓으면 보따리 달라는 식으로 '내가 의사선생님한테 미안한 말을 하겠오' 했어. 무슨 말이냐고 그래. 그래서 내가 이사를 가야 하는데 돈이 하나도 없다고 말했어. 그러니까 의사가 얼마 있으면 되냐고 그래. 그래서 내가 30만 원만 있으면 되겠다고 했어. 의사가 '나 절대 이 돈 안 받습니다. 그냥 가지고 가시오' 그래.

이제는 방세를 줘야 할 거 아니야. 여인숙 주인한테 '30만 원은 빌렸는데 방세는 다 못 주겠소' 그랬더니, 주인이 '방세 그만둬요. 왜 당신한테 우리가 방세를 받아요. 이런 형편에 이사를 가는데' 하면서 5만 원짜리 중고 테레비를 시장에 가서 사가지고 주더라고, 여인숙 주인이. 그래서 뭐냐. 테레비 하나랑 농 하나. 농은 내가 15만 원에 하나 사왔어.

쌀도 동네 사람들이 십시일반으로 줬어. 쌀을 닷 되 가지고 오는 사람, 몇 되 가지고 오는 사람, 그렇게 줘서

쌀도 한 달 먹을 거 있어. 그리고 또 여인숙에서 남자가
공짜로 짐을 실어다주고."

가난한 독거 여성 노인

가족들의 따가운 눈초리는 회초리가 돼 주눅 들게도
했지만, 여러 사람들의 따스한 손길이 박순애를
조금이나마 도왔다. 그렇지만 이런 상냥함이 가난한
독거 여성 노인이라는 현실까지 지우지는 못했다.

가난이 눈앞에 있었다. 박순애는 살아가야만 했다.
가정부를 하다가 몸이 망가졌지만 또 그 일을 해야
했다. 무연고 여성 독거노인이 할 만한 밥벌이란 으레
몸으로 하는 일뿐이기 때문이었다. 몸을 영차 움직여
날마다 일했다. 열심히 일해도 가난을 벗어날 수 없다.
가난한 사람에게는 가난한 일자리만 돌아오기
때문이다. 게다가 가난한 일자리는 견딜 수 없을 만큼
큰 노동량을 지운다. 박순애도 예외는 아니었다.

"근데 한 달쯤 되니까 아파트 관리비랑 임대료가
나오더라. 먹고살 길이 없어. 안 되겠어. 가정부 생활을
또 해야지. 그때는 혈압도 나아서 서울로 갔어. 어떤
여자하고 나하고 둘이 소개소에서 서울로 소개받아서

갔거든. 서울에 가서 소개소가 있어 또. 그 여자는 애기를 키워봐서 갓난아기 있는 곳으로 가는데, 나는 애기도 키워본 적이 없고 업어보지도 않아서 애기를 못 봐. 그래서 애기 있는 곳은 못 봐요, 그랬어. 애기 있는 집으로 그 아줌마는 갔고, 나는 네 식구가 있는 집으로 가라는 거야. 그래서 간다고 했어. 이제 재밌는 코스가 나와. 아주 재밌어.

소개소에서 나를 그 집으로 데려다 줬다. 갔는데 여덟 살 먹은 애가 '할머니, 이리 오시오' 해. 부엌으로 데려가 가스렌지는 이렇게 켜고, 냉장고를 탁 열더니 여기는 야채고, 설명을 다 해. 쌀가마 80키로짜리가 열 개는 있어. 내가 깜짝 놀라서 '야, 서울 사람들은 밥 잘 안 먹는다는데 왜 이렇게 쌀가마가 많아?' 그랬더니 '한 달도 안 가요' 그래. 그래서 '그것이 뭔 말인고, 왜 한 달도 안 가냐'고 했더니, '두고 보면 알아요' 그래.

저녁에 여자가 시장을 봐가지고 왔어. 사온 시래기를 된장에 개어서 막 양념 많이 해서 무쳐서 살짝 솥에 쪄. 오이를 다발로 사가지고 와서 착착 썰어서 무쳐서 큰 다라에 넣고, 시래기도 큰 그릇에 하나 해 넣고, 반찬을 그렇게 많이많이 담아놔, 식탁에다가. 처음에 가서 물어볼 수도 없고 가만히 있었어.

즈그 남편이 퇴근한다고 문을 열어주니까, 남편은 자그마한데 아주 선량하게 생긴 사람이야. 그런데 또 키가 큰 사람들 다섯 명이 들어온다. 나를 보더니 '새로 오셨나' 그래. 여자가 아주머니 시골에서 새로 오셨다고 하니까 그러냐고 해. 알고 보니까 이 남자가 백화점에서 큰 양복 가게를 하는데 거기 직원들이야. 그 사람들이 거기 와서 밥을 먹는 거라. 네 명이라고 했는데, 게다가 애들 밥을 아침, 점심, 저녁을 다 해줘야 해. 그리고 집이 50평이야.

빨래를 세탁기에 넣으려고 하니까 그 여덟 살짜리가 학교 가다가 나한테 와서는 '한 번 돌려가지고는 안 될걸요' 그래. 허허. 고것이 웃겨, 고것이. 사과 깎아다가 즈그들 가져다주니까 '할머니, 오늘은 한가하지만 이제 한가할 시간이 없어. 우리 사과 깎아줄 시간 없을걸' 그래. 청소만 해도 보통 힘든 게 아니야. 그거 다 돌리고 닦아야지.

내가 가만히 생각하니까 국가보안법으로 살았어도 어려서 호강스럽게 여학교도 다니고 했잖아. 나 때 여학교 가는 사람은 한 반에 다섯 명 있을까 말까 했어. 참말로 한국에 나온 게 후회된다 싶으면서도 고생길을 면할 길이 없구나 하고 한탄을 했어.

소개소 규칙이 있어. 3일 안에 그만두면 집주인이 낸 소개비를 내가 물어야 해. 그것을 내가 알기 때문에 소개비라는 것을 까고 가야겠다 해서 3일을 죽어라 했지. 밥하고 반찬은 여자가 다 했어. 소개비 안 물어도 되는 3일째 되는 날, 도저히 안 되겠어서 내가 그랬어. 내가 사실은 일을 안 해본 사람이다, 나한테는 이 일이 벅차다, 네 식구인 줄 알고 왔는데 아홉 식구 아니냐, 아홉 식구 빨래, 밥, 청소, 내가 도저히 못하겠다고 말했어."

가난한 사람에게는 가난한 일자리뿐

가난한 일자리로 하루하루 연명하는 사람은 일하면서 겪는 차별이나 설움에서 자기를 보호할 수 있는 힘이 없다. 사회가 원하는 좋은 능력을 가질 수 있는 기회도 빼앗기고 감옥에서 갓 나와 사회적 관계망도 모두 파괴됐다. 게다가 노인이었다. 자기를 보호할 수 있는 수단이 아무것도 없었다. 다른 일자리를 구한다고 해도 비슷한 일자리일 게 뻔했다. 박순애는 가난한 사람을 무시하고 차별하는 눈초리를 온몸으로 받아야 했다. 그 순간들이 몸에 박혀버렸는지 그때 느낀 설움을 자세히 기억하고 있다.

"조금 쉬다가 서울은 그렇고 광주에다가 일자리를
구해봐야겠다 그랬어. 광주 끄트머리에 있는 소개소에
갔더니 한 집이 있다고 그래. 두 내외가 있고 애기 하나
있대. 그래서 가보니까 진짜 그렇대. 집은 35평인가
적당한 집이야. 여자가 삼성 보험 회사 다녀. 여자가
아주 미인이더라고. 옷이 쫙 걸려 있는데, 옷이 뭐냐
하면 배우, 영화배우, 탤런트 그런 사람들 방에 가면
옷이 위아래로 걸려 있잖아. 그런갑다 했는데 머시매는
아홉 살이다. 근데 버릇이 없고 못됐어. 한 두 달
있었나. 두 달 있었는데, 또 머리가 아프고 그래가지고
안 되겠다 싶어가지고 그만뒀어. 그거 가지고 좀 여유는
있어. 한두 달은 살아도 돼.

두 달 있다가 또 돈이 떨어져서 돈을 안 벌 수 없어.
또 한 번 서울로 가보자 해서 갔어. 소개소에서 소개한
집이 계집아이 하나, 머시매 하나, 두 내우. 가보니까
괜찮아. 아파트도 크지도 않고. 동서울이야, 동서울.
남자는 대학교 교수고 여자는 광고 회사 부장이야.
이대 나왔어, 이대. 그 여자도 예뻐. 어찌나 꼼꼼한
여자인지 왜 시집을 올 때 이불 홑청을 가지고 오잖아.
그런 이불 홑청 하얀 것을 빨아서 말려서 다리미질을

해가지고 이렇게 풀질을 해. 시집올 때 해온 이불을 없애지도 않고 그대로 덮고 살아. 여자 친정이 광주야. 추석에 올 때도 나 우리 집까지 데려다주고 즈그 집 가고 그랬어. 그리고 서울로 올라갈 때도 나를 데리러 가서 타고 가고.

머시매는 유치원 다니고 가시내는 초등학교에 다녀. 가시내는 지 혼자 가고 머시매는 집 근처 유치원까지 꼭 데려다줘야 해. 유치원 근처에 가면 '이제 여기 이상은 따라오지 마세요' 해. 왜냐하면 젊은 엄마가 데려오면 좋은데 늙은 할매니까 지 딴에는 별로이던가 봐. 그리고 오래 징역살이 했지, 일본에 가서 살았지, 한국 반찬을 많이 해보지를 않았어. 몇 십 년을. 그런데 그 사람들 반찬을 해주려니 애가 타지.

콩나물 같은 거 무치는 거는 기본이니까 아무나 다 하지만, 이제 명절 때 되면 그 집에 갈비가 짝으로 들어와. 갈비를 재서 대접에 여덟 대를 줬더니 가시내가 다 먹더라. 즈그 아버지 먹는데 또 먹고 싶어하길래 내가 '아유 넌 여덟 개나 먹고 또 먹으려고 하냐' 했더니 더 달래. 즈그 아버지가 얼마든지 주라고, 달라는 대로 주라고 그러더라. 근데 나한테 하나 잡숴보라는 말을 해야 할 거 아니야. 그 말 한 마디를 안 해. 아주 나쁜 것들. 너희들 없을 때 내가 다 먹는다, 속으로 그랬지.

　하루는 그 집 머시매 목욕을 시키는데 말을 안 듣고
엉뚱한 지랄만 해서 내가 뭐라 그랬어. 그러니까
'할머니가 무슨 권리가 있어서 혼내?' 하며 달려들더라.
내가 잔소리만 했는데 무슨 권리 찾냐고 그랬지. 그
머시매가 '잔소리하면 내 기분이 안 좋아요' 그러더라.
즈그 엄마 왔을 때 일렀던가 봐. 그날 저녁 유심히
유별나게 그 애를 예뻐해. 그 부모가 나 보란 듯이.
우리가 이렇게 귀중하게 생각하는 아들인데 잔소리하지
마시오, 그 말이야."

　가난해서 받은 차별과 설움이 꽉꽉 눌러 담겨 있는
이야기를 하던 박순애는 눈이 부슬부슬 내리고 바람이
휘이휘이 불던 어느 겨울날 이야기를 꺼냈다.

　"요만한 손가방을 들고 그 집에 임시로 입을 옷만
가져가지. 일하는 집에 옷을 많이는 안 돼. 임대료랑
관리비를 내고 다시 서울로 돌아가려고 우리 집 아파트
엘리베이터 앞에까지 갔어. 문이 딱 열렸어. 근데 영
들어가기가 싫어. 내일 가야겠다, 그래가지고 들어와서
여자한테 전화를 했어, 밤에. 감기 기운이 있어서
하루나 이틀만 기다려주시오 하고. 알았다고 그래.
그래가지고 그 다다음 날 돌아갔어."

김대중이 때문에 파출부 생활을 졸업한 거야

이날부터 엘리베이터 앞에 서성이며 울었다. 박순애는
일을 하러 서울로 가는 길이 소가 죽으러 가는 길처럼
싫었다. 일을 해도 해도 가난을 면할 길이 없었다.

기초 노령 연금이 지급되기 시작한 2008년부터는
파출부 일을 하지 않았다.

"김대중이가 대통령이 돼가지고 영세민한테 한
달에 30만 원씩 주기로 딱 돼 있네. 아이고 잘됐다
하고는 가정부 생활 그만뒀어. 30만 원씩만 나오면
그럭저럭 안 쓰고 안 먹고 살 수 있거든. 30만 원 가지고
10만 원은 임대료랑 관리비로 나가고, 20만 원 갖고
생활한단 말이야. 옷 안 입고 하면 생활이 돼요. 내가
옷을 일절 안 해 입었어. 일본에서 다 부쳐줘서 내가
살았거든. 김대중이 때문에 파출부 생활을 졸업한 거야.
하하하. 김대중 씨 때문에."*

박순애가 파출부를 한 시기는 뼛속에 박혀 잊을 수
없는 가난의 시간이다. 그 시간을 통과하면서 받은
눈초리들은 박순애의 생활 습관과 성격으로 드러난다.
보상금을 받아 가난을 벗어난 지금도 마찬가지다.

---

* 여러 복지 제도를 통해 받는 혜택을 혼동한 듯하다.

독거노인인 박순애의 집에는 냉장고가 두 대다. 냉장실에는 양념과 반찬이 가득하고 냉동실에는 언제 넣었는지 알 수 없는 꽝꽝 언 음식들이 꽉 차 있다. 저장 강박증인가 싶을 정도다.

자존심이 있어서 가난하지만 아부가 싫어

박순애는 남에게 신세지기도 몹시 싫어한다. 교도소를 나온 어느 날 밍크 오버를 쫙 빼입은 여자를 길에서 만난다. 처음에는 알아보지 못했지만 같은 교도소에서 복역한 장기수라는 사실을 기억해냈다. 그 여자는 박순애를 구석으로 데려가더니 말했다.

"이 밑에 가구점이 우리 집이여. 꼭 놀러오시오. 내가 지금 급하게 어디를 가는 길이라."

그 여자는 빳빳한 새 돈을 쥐여주고 황급히 떠났다. 5만 원이었다. 박순애는 그 여자가 반갑고 고마웠다. 그렇지만 놀러가지 않았다. 만나기 싫어서 안 간 게 아니라 가난을 남에게 보여주기 싫어서 그랬다.

"내가 자존심이 있어서 가난하게 살면서도 아부가 싫어. 가난한 건 이대로 나 혼자 살다 말지."

박순애는 누군가 반찬을 해주면 꼭 반찬값을 몇 배로

갚는다. 그래야 직성이 풀린다. 노년 시절 가난한
파출부와 청년 시절 부유한 엘리트 여성이라는 극단적
정체성 사이에서 분열과 갈등을 겪었다. 박순애의 이런
자존심은 이 정체성 사이의 타협점이었다.

가난은 사람을 비굴하고 비참하게 한다. 바닥일수록
차별이 지천이다. 부잣집 딸이자 엘리트 여성의 삶을
살던 박순애가 가난을 곱게 받아들이기는 쉽지 않았다.
양 극단에서 진동한 삶을 살아낸 박순애는 자기 보호를
위한 방편이 있어야 했다. 생활 습관과 삶의 태도가 그
보호막이었다. 비굴해야 하는 가난을 벗어난 지금도
습속으로 몸에 박혀 있다.

나 스물네 살까지 쌀도 안 씻어본 사람이야

박순애는 틈이 날 때마다 가난 때문에 고생한 이야기를
했다. 가난의 씨앗인 일본행을 얼마나 후회하는지 늘
강조했다.

"내가 일본에 간 거를 후회를 막심하게 했지. 일본에
갔다가 나온 것도 후회하고 일본에 애당초 가지 말 걸
한 거를 후회하고, 두 가지로 후회를 했지."

책망이 끝나면 한탄도 빼놓지 않는다.

"아이구, 언제고 속이 상하지. 안 해본 일을 어거지로 할라니까. 나 일 안 하고 컸어. 어렸을 때, 나 스물네 살까지 쌀도 안 씻어본 사람이야. 식모 있지, 언니 있지, 올케 있지. 내가 왜 하겠냐. 내가 막내딸인데. 칠 남매 막내딸인데."

그리고 끝은 자기를 기다리다가 기다리다가 죽은 남편 이상희 이야기다.

그런 박순애에게 내가 해줄 수 있는 일은 이미 들은 이야기를 또 듣고 고개를 끄덕이는 정도뿐이다.

"할머니는 가난했을 때 최선을 다해서 살았어요."

"그래, 그래."

처음에는 가난은 할머니 잘못이 아니라고 말하려다 입을 다물었다. 가난은 현실에서 형벌이니까 머리를 짜내어 최선이라는 단어를 골랐다. 박순애가 걸어온 가시밭길에 견주면 뻔하디 뻔한 말이었다. 박순애도 잘 알기 때문에 건성으로 대답했다.

어느 정도 인터뷰를 마무리하고 우리 둘은 잠자리에 누웠다. 깜빡 잠이 들었나, 무슨 소리가 들렸다. 하나, 둘, 셋, 넷, 다섯, 여섯. 눈을 살짝 떴다. 박순애가 침대에 걸터앉아 돈을 세고 있었다. 스물한 장까지 세더니 다시 자리에 누웠다. 자기가 쓴 돈과 남은 돈을

맞추고 있었다. 낮에도 종종 돈을 셌지만 자다가도
돈을 셀 줄은 상상하지 못했다. 박순애가 코를 골며
다시 자기 시작했고, 나도 그제야 눈을 감았다.

　박순애의 삶은 조작 간첩이라는 낙인을 빼놓고도
고려해야 할 요소가 많다. 자다가 일어나 셀 정도로
돈에 집착이 심하다. 혼자 힘으로 세상을 살아야 하는
가난한 독거노인으로 지내다 생긴 습속이다. 엄청난
저장 강박증과 남에게 신세지기를 몹시 싫어하는
자존심도 마찬가지다. 불평등, 여성, 주변화된 노동 등
가난을 대표하는 단어들이 뒤섞여 만들어진 성격이다.
이런 성격은 가난을 벗어난 지금도 얽히고설킨 채 삶의
어느 순간에 말이나 행동으로 튀어나왔다. 나는 그
찰나를 놓치지 않으려 애썼다.

　가난 자체가 아니라 그 가난이 어떻게 변주돼
박순애의 삶에 녹아든지를 알아야 가난의 눈초리가
사람에게 어떤 상처를 입히는지를 좀더 자세히 알 수
있기 때문이다. 그런 태도가 가난을 대하는 예의다.

우리같이
억울하게 산 사람이
덮어쓴 죄

박순애의 무죄 판결
간절한 시도

박순애의 삶에서 가장 중요한 사건은 무죄 판결이다.
무죄 판결을 받기까지 45년 동안 온갖 일에 시달렸다.
감옥에서 나온 뒤 10년 동안 보호 관찰을 받았고,
이웃 사람들의 감시를 받았다. 진실화해위에 출석하러
간 날조차 조총련 회의를 하러 서울에 다녀왔다더라
하는 소문에 시달려야 할 정도였다. 박순애는 이
이야기를 하며 웃지만, 이제 지난 일이기 때문에 그럴
수 있을 뿐이었다. 웃음 뒤에는 씁쓸함이 남아 있었다.
박순애에게 무죄 판결은 너무도 간절했다.

지금부터 그 과정을 요약한다.

1999년 첫 시도

1999년 무렵 박순애를 돌보던 사회복지사가 여러 번
듣다보니 할머니가 억울한 옥살이를 하신 듯하다면서

광주전남양심수후원회에 도울 방법을 문의했다. 단체
간사이던 박현정은 재심을 열기 위해 박순애하고 함께
여러 곳으로 조언을 얻으러 다녔다. 판결을 뒤집을 만한
결정적 증거를 입수하지 않으면 현실적으로 재심은
어렵다는 말만 들었다. 박순애는 다음을 기약해야 했다.

2006년 두 번째 시도

2006년 1월 13일 진실화해위에 신청서를 제출했다.

"남원에 아는 목사가 과거사위원회가 생긴지 아냐고
그래. 과거사위원회가 뭔데요 그랬더니, 우리같이
억울하게 감옥 산 사람이 덮어쓴 죄를 무죄로 풀어주는
데라고 그래. 그 남원 목사 도움을 받아서 서류 쓰고
위원회에다가 서류를 딱 제출했지."

1년 정도 기다린 끝에 2007년 5월 15일 진실화해위는
조사 개시를 결정했다. 그렇지만 약 2년 뒤인 2009년
5월 11일, 박순애 사건은 '진실 규명 불능' 사건으로
처리된다. 법원의 구속 영장을 발부받을 때까지 37일간
불법 구금된 사실은 인정되지만 중앙정보부와 검찰이
저지른 가혹 행위나 범죄 사실을 조작한 부분은
증거가 부족하기 때문이었다. 전체적으로 진실 규명이

불가능하다는 이유였다. 이 과정에서 담당 조사관은
박순애와 당시 중앙정보부 수사관들을 모아 대질
심문도 하지 않았다.

2009년 이의 신청 제기

박순애는 중앙정보부와 검찰에서 가혹 행위 등이
없었다는 판단에 승복할 수 없었다. 2009년 6월 25일,
박순애는 장기 구금 하나도 고문 조작을 입증하는
충분한 증거가 된다는 내용으로 이의신청서를 제출했다.

2009년 7월 9일, 진실화해위는 지난 결정을 번복할
수 있는 다른 증거, 참고인, 기타 자료가 있으면
제출해달라는 이의신청서 보정 요구 공문을 발송했다.
박순애는 고죠 호텔에 근무할 때 같이 일한 친구인
아즈마를 찾았다. 북한에 갔다고 판결문에 적힌 기간에
박순애는 플로리다 호텔에서 근무한 사실을 아즈마가
알고 있기 때문이었다. 박순애는 고죠 호텔에 전화를
하지만 30년 전 일을 전화 한 통으로 알아내기는
어려웠다. 아즈마를 쉽게 찾을 수 없게 된 박순애는
진실화해위에 시간을 더 달라고 요청했다.

2009년 9월 1일 진실화해위는 보정 기간 40일을 줄

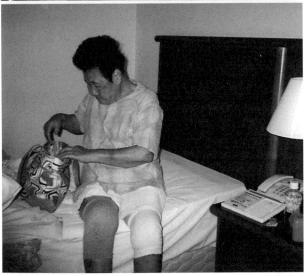

무죄를 증명하러 일본에 간 박순애. 박순애는 일정이 힘들어서 이런 표정이 나온 듯하다고 말했다(위), 일본의 한 호텔에서 침대에 걸터앉아 가방에서 짐을 꺼내는 박순애(아래).

테니 새로운 증거가 있으면 제출해달라며 2차 공문을 발송했다. 30여 년 전 사건으로 10년 넘는 세월을 복역한 사람이 새로운 증거를 제출할 수 있는 시간은 한 달 열흘.

박순애는 사건을 해결해야 했다. 조사관 대신 직접 일본으로 건너갔다. 진실화해위 박현정 조사관이 박순애를 도왔다. 둘은 조총련 간부의 부인 기정리와 오랫동안 조총련 활동을 한 송두화가 쓴 진술서를 받아왔다. 1978년에 법원은 박순애가 조총련 소속 김우신과 이상재의 안내를 받아서 북한 공작원 이 모와 안 모를 소개받았다고 판결했다. 그러나 박순애가 직접 받아낸 진술서에서 기정리는 김우신과 이상재 두 사람 모두 박순애가 조총련이 아니라고 말한 사실을 진술했다. 송두화도 박순애가 찾고 있는 안 모와 이 모는 조총련에서 찾을 수도 없고 기억도 나지 않는다고 증언했다.

2009년 조사관 기피 신청

일본에서 돌아온 박순애는 2009년 11월 9일에 담당 조사관 기피 신청서를 제출한다. 담당 조사관이 사건을 적극적으로 해결하려 하지 않기 때문이었다. 담당 조사관이 박순애가 제시하는 증거들을 무시한 채 사건을 마무리하려 한다는 이유를 적어냈다.

2009년 11월 17일 담당 조사관이 변상철 조사관으로 바뀌었다. 변상철 조사관은 박순애하고 함께 일본으로 건너가 박순애의 주장을 뒷받침하는 기정리, 송두화, 이정미 등의 진술을 확보했다. 그러나 새로 확보한 진술은 결정을 뒤집지 못했다. 예견된 일이었다. 애초에 '진실 규명 불능'으로 결정난 사건을 다시 조사해서 '진실 규명 가능'으로 바꾸는 일은 위원회가 내린 결정에 오류가 있다고 인정하는 꼴이기 때문이다. 전원위원회 위원들은 새롭게 조사한 진술 내용이 신빙성이 없고 설득력이 부족하다는 의견을 냈다.

게다가 정치적 상황도 박순애 사건을 재조사하기 어렵게 했다. 박순애 사건을 마지막으로 맡은 조사관 변상철은 이유를 이렇게 꼽았다. 2008년 이명박이 대통령에 당선한 뒤 진실화해위 위원을 정권 입맛에 맞는 인물로 바꾸기 시작해 15인의 전원위원회 위원 중 위원장을 포함한 여덟 명이 보수 성향 위원으로 채워졌다. 이미 많은 사건에 관련해 보수적 판단이 예고돼 있었다고 했다.

결국 박순애 사건은 2010년 4월 13일에 연 제129차 전원위원회에서 '진실 규명 불능'으로 최종 결정됐다. 신청서에서 주장한 내용을 반복해 주장할 뿐 새로운 증거나 참고인 등을 제시하지 못한 점을 이유로 들었다.

2010년 재심 청구

박순애는 포기하지 않았다. 아직 실낱같은 희망은 있었다. 진실화해위에서 중앙정보부 수사관들이 박순애를 불법으로 체포한 사실을 확인한 때문이었다. 중앙정보부 수사관들은 박순애를 1977년 9월 9일에 영장 없이 중정 조사실로 연행해 같은 해 10월 15일 영장을 청구할 때까지 37일 동안 불법 체포했다. 형법 제124조(불법체포, 불법감금) 위반으로 공소 시효는 지난 시점이어도 수사관들이 지은 죄는 증명된 만큼 재심을 청구할 사유로 충분했다. 박순애는 이 사실을 붙잡고 2010년 10월 22일에 재심을 청구했다. 박순애를 37일간 불법 체포하고 10년간 감옥에 가둔 국가는 재심 결정조차 하염없이 기다리게 만들었다. 1년 7개월을 기다린 끝에 2012년 5월 25일에 재심 개시가 결정됐다.

2012년 7월 3일 공판에서 법원은 별다른 다툼이나

질문 없이 2주 뒤에 선고한다는 결정을 내렸다. 사건이 다른 방향으로 흐를지 모른다는 불안감이 엄습했다. 예감은 적중했다. 2012년 7월 19일에 연 선고 공판에서 유죄 판결이 유지됐다. 박순애가 검찰에서 한 자백의 임의성*이 인정됐다. 중앙정보부가 박순애를 불법 감금한 사실은 인정하지만 1978년 원심 법정에서 몇 가지 공소 사실을 자백한데다가 검찰 조사 때 고문을 하지 않은 점을 근거로 댔다. 재심에서 박순애는 간첩이라는 오명을 벗지 못했다.

2015년 대법원 무죄 확정

다행히 대법원은 원심 판결하고 다른 판단을 내렸다. 2015년 9월 10일 대법원은 무죄 취지로 고등법원에서 해당 사건을 다시 판단하라는 파기 환송 결정을 내렸다. 검찰에서 박순애가 한 자백은 임의성이 없는 상태에서 나온 진술이라고 봤다. 대법원은 불법 감금 사실의 존재, 37일이나 되는 불법 감금 기간, 불법

---

* 고문, 폭행, 협박, 구속 등으로 강제된 자백이나 기망, 약속 등으로 유도된 자백은 증거 능력을 인정하지 않는다.

감금이 해소된 뒤 검찰 조사나 1심 1회 공판 기일까지 시간 간격이 짧다는 사실 등을 근거로 댔다.

불법 감금 상태로 중앙정보부에서 임의성 없는 자백을 한 뒤 임의성 없는 심리 상태가 계속된 상태 아래 검찰에 들어가 한 자백이기 때문에 임의성을 충분히 의심할 만하다고 했다. 고등법원으로 내려간 박순애 사건은 2015년 11월 6일 무죄를 선고받았고, 2016년 6월 9일 대법원에서 무죄가 확정됐다.

간첩으로 몰아간 국가에 저항했다

여기까지 박순애가 무죄 판결을 받는 과정을 요약했다. 처음에는 법원이 박순애에게 무죄를 판결한 이유를 자세히 쓰려고 했다. 박순애에게 무죄 판결이란 자기 인생을 걸고 달성해야 할 목표이기 때문이었다. 진실이 밝혀지는 과정을 세밀하게 기록하고 사실들의 타래를 풀어 사람들에게 박순애는 간첩이 아니라고 말하고 싶었다. 박순애를 간첩으로 몰아간 국가에 저항하는 방법이 될 수 있다고 생각했다.

법원 판결문과 진실화해위 보고서 등에 나오는 낯선 단어들이 익숙해지고 문장들의 의미가 파악되면서

의문이 들었다. 사실 관계를 따지는 방식의 기록은 이런 이유로 간첩이라는 국가의 주장을 이런 이유로 간첩이 아니라고 바꾼 말하기 방식일 뿐이다. 이런 글쓰기가 법과 국가의 시선에 균열을 낼 수 있을까 염려됐다. 뭔가 놓치고 있다는 생각이 들었다.

법의 판결보다 중요한
여섯 사람의 말

재판 과정을 눈여겨본 뒤 국가와 법의 시선에서 벗어나
서술 방향을 바꾸기로 했다. 박순애가 왜 간첩이
아닌지를 따지기보다는 박순애를 지지하고 곁을 지킨
사람이 누구인지, 그 사람들이 한 말이 무엇인지를
쓰기로 했다. 국가가 하는 취조 방식을 닮은 글쓰기를
조금은 벗어날 수 있겠다고 생각했다.

진실은 그 자체로 존재하지 않고 구성된다. 누가
언제 어떤 자리에서 바라보느냐에 따라 달라진다.
박순애 사건은 이 사실을 증명한다. 경찰과 검사들은
실체적 진실에 가깝다고 여겨지는 증거들을 제출하고
판사는 양심에 따라 진실과 거짓을 가려 심판한다.
그런데 1978년 세 번에 걸친 재판에서 어떤 경찰, 검사,
판사도 이런 과정을 거치지 않았다.

재구성된 거짓에 바탕한 잘못된 판결이지만 법에
따른 판단이라는 꼼짝할 수 없는 이유로 박순애의

인생은 송두리째 달라졌다. 재심 판결문은 이런 현실에 아랑곳없었다. 판결문에 쓰인 법의 얼굴은 태연했다. 원래부터 잘못을 저지른 적이 없다는 듯 미안한 기색 하나 없었다. 권위에는 흠집 하나 나지 않은 듯했다.

법원이 올바른 판단을 내려서 정의를 구현하지 않았느냐고 반문할 수도 있지만, 그 정의를 구현하는 판결을 하는 데 수십 년이 걸렸다. 감옥을 다녀온 세월을 재심 판결로 되돌릴 수는 없다.

진실화해위에서 박순애의 무죄를 굳게 믿고 적극 지지하며 용기 있는 발언을 한 사람들이 있었다. 재판에서는 크게 주목받지 못해도 도움이 된다고 확신하면서 박순애를 위해 기꺼이 나섰다. 이 사람들은 박순애를 버티게 한 힘이었고, 여든 살 박순애가 노구를 이끌고 일본으로 건너갈 수 있게 만든 확신이었다. 그 사람들이 한 증언 덕분에 재심 판결이 시작됐다. 그 증언들 없이는 다른 증거들도 모을 수 없었다.

이 사람들이 한 말이 법이 내린 판결보다 중요하다고 생각했다. 진실을 밝히려면 제도의 도움을 받거나 과거의 과오를 되돌리려는 자성이 필요하다. 그렇지만 피해자가 끝까지 진실을 밝힐 힘을 얻을 수 있게 믿고 지지해주는 사람들이 가장 중요하다. 미투 운동이나

여러 과거사 사건이 고발 또는 폭로라는 말을 통해 터져
나왔다. 그 말들은 사회나 법이 지정해 실체적 진실로
여겨지던 거짓에 균열을 냈다.

　박순애는 간첩이라고 판결한 법의 진실을 뚫으려 한
사람들의 이름을 불러보겠다. 사람들이 진실이라고
믿는 거짓에 작은 균열을 내고 권력의 반대편에 서서
박순애를 지지한 사람들이다.

가나자와 기미코

가나자와 기미코는 박순애가 일본에 살 때 의지한
강아세의 여동생이다. 진실화해위에서 요구하지
않는데도 자진 출석해 박순애의 무죄를 주장했다.

　1978년 판결문은 박순애가 일본 니가타 현 해안에서
고무보트에 오른 뒤 1킬로미터 해상에 대기한 공작선을
타고 북한으로 건너갔다고 한다. 기미코는 일본말도
서투르고 지리도 잘 모르는 박순애가 자기도 한 번
가본 적 없는 니가타 현에서 북한으로 가는 일은 있을
수가 없다고 말했다. 박순애가 억울하다는 이야기였다.

　기미코는 박순애가 북한에 머문 시기라고 여겨지는
기간 동안 일본에 같이 있었다고 증언했다.

박순애와 가나자와 기미코. 박순애가 증인 진술을 받으러 일본으로 건너간 때 모습이다. 기미코는 진실화해위에서 박순애의 무죄를 주장하며 자기가 하는 진술은 정의를 바로 세우는 행동이라고 말했다.

"일본에서는 구정을 쉬지 않고 신정을 쉬는데, 저희 집은 신정이 되면 온 가족이 모여서 즐거운 시간을 보냈기 때문에 1973년 1월 1일 또는 1월 2일경* 박순애가 근무를 쉬는 날에 저희 집에 와서 신정을 보낸 것을 확실하게 기억하고 있으며, 이는 저희 모두가 증언할 수 있는 사실입니다. 제가 위 사실을 정확히 기억하는 것은 제가 1972년 8월 25일 고베에서 친정 근처에 불고기 식당인 상락원(소락엔)을 개업한 바로 다음해가 1973년이기 때문에 확실히 기억하고 있습니다."**

기미코의 어머니인 가미모도 가츠코도 진정서 형태로 쓴 편지에서 박순애가 북한에 머문 시기라고 여겨지는 기간 동안 플로리다 호텔에서 근무한 사실을 증언했다. 기미코는 증언을 마무리하면서 이렇게 강조했다.

"박순애는 무죄입니다. 저는 박순애와 혈통이 전혀 섞이지 않은 사람이지만, 제가 박순애를 위해 진술하는 것은 정의를 바로 세우는 것이기 때문입니다."

---

* 진실화해를위한과거사정리위원회 조사 보고서. 이 기간은 박순애가 일본을 탈출해 북한에 머문 시기라고 여겨지는 기간이다.

** 2008년 6월 24일 진술 청취.

기정리

기정리는 김광헌의 부인이다. 김광헌은 강아세의
남편인 김우신의 친구다. 1978년 원심은 조총련계인
김우신을 조총련계 이상재(이용수와 안인순 부부의
양아들)를 거쳐 박순애를 북한 공작원인 이 모와
안인순에게 소개한 인물로 판단했다. 실제로 김우신은
조총련계가 아니라 민단계이고, 이상재는 두 단체에
특별한 연관이 없다. 그런데 1978년 원심은 두 사람을
조총련계라고 판단했다. 안인순은 박순애가 사무직
일자리로 알고 간 조총련 집 주인 부부 중 한 사람이다.

기정리는 김우신과 이상재가 모두 조총련에서
활동하지 않은 사실을 증언했다.

"남편 김광헌은 조총련 가나가와 본부 체육협회에서
활동했으나 남편의 친구인 김우신은 조총련 활동을
전혀 하지 않았고, 이상재도 조총련에서 간부를 하지
않았다."

송두화

송두화는 1969년부터 약 29년간 조총련 가나가와
본부 니시요코하마 지부 후지다나 분회장을 지냈고,

그 뒤에는 니시요코하마 지부 고문을 맡았다. 사건에 직접 관련되지는 않아도 박순애가 조총련 활동을 하면서 북한에 다녀온 일이 있는지 확인하려고 만난 사람이었다.

1978년 원심은 박순애가 고죠 호텔 종업원으로 일하던 때 조총련에서 김대중 석방 서명 운동을 전개하라는 지시를 받았다는 검찰 주장을 받아들였다. 송두화는 그런 주장이 터무니없다고 말했다.

"조총련에서는 김대중 석방 서명 운동을 한 적이 없습니다. 그런 것을 요구할 수 없는 것이 중앙정보부가 납치한 것이라서 김종필 총리가 일본 다나카에게 사과하였던 것이라고 해서 우리가 석방을 요구할 필요가 없었습니다."[*]

송두화는 조총련이 박순애를 북송했다는 주장에 민감하게 반응했다.

"조총련에서는 북한에 가고 싶다는 사람을 대상으로 북에 보낼 뿐, 개인의 의견을 무시하면서까지 몰래 이북에 보내는 일은 절대 없습니다. 세관에 신고할 수 없는 장사하는 사람들의 경우 밀선을 타고 가는데,

---

* 송두화, 2009년 12월 9일 진술, 진실화해를위한과거사정리위원회 자료.

박순애와 가나자와 도미코. 도미코는 가나자와 기미코의 동생이다.

밀항이 위험하니까 돈이 많이 필요합니다. 그런 경우를
제외하고는 몰래 이북에 가는 경우는 없습니다."[*]

이정자

이정자는 박순애가 좋은 사무직 자리가 있다고 소개를
받아 간 조총련 집의 딸이다. 이정자의 아버지 이름은
이용수이고 어머니의 이름은 안인순이다. 판결문에
나오는 조총련계 안 지도원이 안인순이다.

1978년 판결문에 따르면 박순애는 조총련계인 이 두
사람에게 입북을 권유받았고, 1972년 11월 3일 안인순
지도원이 운전하는 자가용을 타고 니가타로 이동해
그곳에서 공작선을 타고 북한으로 갔다.

"아버지의 성함은 이용수이고 어머니 성함은
안인순입니다. 1972년 당시 아버지는 몸이 아프셨습니다.
아버지는 신부전증으로 조금만 걸어도 숨이 차서
헐떡거리실 정도로 몸이 좋지 않았기 때문에 멀리
여행가는 것은 불가능한 일이었습니다. 그렇기 때문에
몇 시간씩 걸리는 자동차 여행은 불가능한 일입니다.

---

[*] 송두화, 2009년 12월 9일 진술, 진실화해를위한과거사정리위원회 자료.

게다가 부모님이 소유한 자가용은 없었습니다. 자동차 면허증도 가지고 있지 않았습니다. 돌아가실 때까지 자동차 면허증을 소유하지 않았고 면허증을 따려고 해도 당시에 이미 나이가 많아서 면허증을 따는 것이 어려웠습니다."[*]

1978년 판결문에 따르면 박순애는 1973년 김대중 석방 서명 운동을 전개하라는 지시를 받고 공작금을 수수했다. 그렇지만 이정자는 이렇게 증언했다.

"당시 조총련에서는 김대중의 석방을 위한 서명 운동을 한 사실이 없는 것으로 알고 있습니다."[**]

1978년 법정은 1977년 7월 이용수가 외국인수용소에 수용된 박순애를 접촉해 지령을 전달한 일이 있다고 판결했다. 그러나 이정자는 사실이 아니라고 매우 분노하면서 이렇게 증언했다.

"1977년경 아버지 이용수가 외국인수용소에 있던 박순애를 면회했다고 하는데, 1977년경이라면 이미 아버지가 사망한 이후인데 어떻게 죽은 사람이 박순애를 만날 수 있다는 것입니까? 아버지의

---

[*]   이정자, 2009년 12월 8일 진술, 진실화해를위한과거사정리위원회 자료.
[**] 이정자, 2009년 12월 8일 진술, 진실화해를위한과거사정리위원회 자료.

사망증명서를 제출하도록 하겠습니다."*

박순애의 양딸

박순애에게는 마음으로 얻은 딸이 있다.

"어머님, 저 왔어요."

문을 열고 이렇게 인사하면서 들어오는 하나뿐인 양딸이다. 박순애가 입원한 때 어떤 목사가 소개해 인연이 닿았다. 양딸은 박순애를 간간히 돌봤고, 어버이날에 '어머니, 나를 딸같이 생각하세요'라는 쪽지와 속옷, 카네이션을 가지고 왔다. 그때부터 둘은 딸과 어머니 사이가 됐다.

양딸은 박순애의 무죄를 믿은 든든한 조력자다. 진실화해위 조사를 하러 일본에 갈 때 박순애는 돈이 필요했다. 돈 많은 조카에게 연락해도 소용이 없었다. 박순애의 손을 양딸이 잡아줬다. 걱정하지 말라더니 300만 원을 건넸다. 남편 몰래 건네준 돈이라 박순애는 더 고마웠다. 그 뒤에도 사건 관련 조사를 할 때마다 양딸은 필요한 돈을 거침없이 건넸다. 박순애는 양딸

* 이정자, 2009년 12월 8일 진술, 진실화해를위한과거사정리위원회 자료.

이야기를 할 때마다 이렇게 말한다.

"얼마나 고마워. 너무너무 고마워, 정말로."

변상철 지금여기에 전 사무국장

변상철은 진실화해위 조사관이었다. 박순애 사건을 이관받은 순간부터 끝까지 박순애가 무죄라고 믿고 함께했다. 박순애 사건 보고서를 처음 읽은 순간을 이렇게 기억한다.

"그전 조사들을 보니 알겠더라고요. 12년 동안 옥살이를 하고 나온 사람이, 나이 여든 살이 넘어서도 억울하다고 하면 억울한 거예요."

변상철은 재판에서 무죄가 나오리라고 확신했다. 중앙정보부 조사관들이 박순애를 불법으로 감금하고 수집한 증거들이기 때문에 효력을 인정받지 못한다고 생각했다. 변 전 사무국장이 헌신적으로 노력한 덕에 박순애 사건은 무죄를 받았다.

변 전 사무국장은 대법원에 제출할 다른 증거들을 수집하러 일본으로 건너갔다. 닥치는 대로 사람들을 만났다. 그중 한 명이 요네자와다.

요네자와는 박순애가 판결문에 적힌 입북 기간인

1972년 11월 7일부터 1973년 1월 14일까지 플로리다 호텔에서 함께 근무한 사실을 증명한 동료였다. 요네자와는 요코하마에 사는 기정리 덕분에 만날 수 있었다. 기정리는 변 전 사무국장에게 플로리다 호텔 전 지배인이 사는 주소를 건넸고, 그 사람이 요네자와를 소개했다.

요네자와는 증언을 거부했다. 플로리다 호텔은 러브호텔이라 자기가 그곳에서 근무한 사실이 알려지면 자식과 손자들에게 오해를 살 수 있다고 했다. 변 전 사무국장은 계속 설득했다. 몇 십 년 동안 억울하게 산 사람이 있다는 간곡한 설득에 요네자와가 증언을 허락했다. 요네자와는 박순애하고 함께 플로리다 호텔에 근무한 사실을 증언했다. 변 전 사무국장과 박순애는 요네자와가 한 증언을 새로운 증거로 첨부해 대법원에 곧바로 상고했다.

억울함을 풀어준 변상철에게 박순애가 보내는 신뢰와 애정은 절대적이다. 박순애는 변상철을 만나면 손을 꼭 잡은 채 놓지 않고 눈을 바라보며 이야기한다. 그 눈을 바라보면서 변상철은 박순애를 이렇게 말한다.

"자신의 고통을 직시하고 국가에 짓밟힌 존엄을 스스로 회복한 사람."

박순애,
대화

10월이었나. 박순애 집에 갔다. 집에는 박순애와 딸이 있었다. 딸은 정신없이 조기와 불고기를 굽고 있었다. 나도 돕고 싶어 주방을 서성거렸는데, 딸은 할 일 없다며 손사래를 치고는 엄마하고 있어 달라고 했다. 딸은 같이 밥도 먹지 않고 두 분이 대화 나누시라며 급하게 자리를 피했다. 박순애는 딸이 이 반찬도 해주고 저 반찬도 해주고 이것도 딸이 사주고 저것도 딸이 사줬다며 자랑을 실컷 해댔다. 그러다가 박순애가 엄마에 관해 묻는다.

늙을수록 엄마가 더 그리워

"너 근데 가족이랑 연락 안 한다고 했지. 대학까지 나와서 왜 연락을 안 하고 살아? 엄마가 걱정하잖아. 엄마가 계모라서 연락 안 하는 거야? 친엄마야?"

퉁명스럽게 대답했다.

"계모는 아니고 친엄마. 연락은 안 해요."

"연락 안 한다고? 집하고? 연락을 하고 살아야지 집하고. 부모가 안 좋게 생각하잖아. 너가 죽었는가 살았는가도 모르고."

화제를 돌려야 했다.

"나 죽었는지 살았는지 관심 없을걸. 그냥 연락하기 싫어. 할머니는 엄마 보고 싶어?"

박순애의 답은 뻔했다.

"아이고, 그걸 말이라고 뭐해. 엄마가 얼마나 보고 싶은데."

"난 안 보고 싶어."

왜 안 보고 싶냐 물어보지도 않고 박순애는 이야기를 이어갔다.

"나 제일 보고 싶은 사람이 누구냐면 나 기다리다가 죽은 남편하고 기미코 언니인 마사요 상(강아세). 아, 우리 엄마 아빠는 말할 것도 없고 일등이고. 엄마가 제일 보고 싶어. 우리 엄마는 나 살짝도 안 때리고. 순하디 순한 엄마였어. 욕 한마디도 안 해."

"왜 보고 싶어? 하고 싶은 말이 있어서? 만나면 뭐라고 말할 건데?"

강아세가 잠든 무덤. 박순애는 일본 이야기만 나오면 강아세가 정말 보고 싶다고 말한다.

"아이고 엄마!' 하고 울지. 이야기가 문제냐."

질문이 들어올까 봐 아예 미리 말했다.

"난 엄마 만나면 아무 말도 안 할 거 같은데. 눈물도
안 날 거 같아. 어색해서 하늘만 쳐다보고 있을 거
같은데."

박순애는 나를 훈계했다.

"너도 엄마 만나면서 살아. 인쟈 돌아가시고 나면
엄마처럼 보고 싶은 사람이 없다. 늙응께 엄마가 더
보고 싶어. 야, 이 나이에 엄마가 보고 싶다면 누가
인정을 하겠냐. 근데 늙을수록 엄마가 더 그리워."

박순애는 내 이야기를 듣고도 자기 할 말만 했다.
더 이야기해야 할 듯해서 다 말하기 시작했다. 왜
집을 나왔고, 왜 엄마가 안 보고 싶은지, 지금도 가족
이야기를 들으면 화가 나고 심장이 떨리고 불안해지는
이유를 다 말했다. 이야기를 듣고 나면 엄마를 보고
싶어하지 않는 내 마음을 박순애가 조금은 이해할 수
있다고 생각했다. 박순애가 보인 반응은 달랐다.

"그래? 우짜까나. 밥 맛있다. 더 먹어라."

보통 내 이야기를 들은 사람들은 힘들었겠다거나
참 잘 버텼구나 하고 반응한다. 박순애는 내 일이
아무렇지도 않다는 듯 반응했다. 서운해서 아무 말도

하지 않고 밥만 먹었다. 서울에 와서도 박순애와 나는
서로 전화를 걸지 않았다.

너도 외롭겠다 싶었다

그렇게 몇 주가 지난 어느 날이었다. 밤 아홉 시였다.
박순애가 전화를 걸었다. 박순애는 한 번도 먼저
전화를 건 적이 없어서 무슨 큰일이 생긴 줄 알고 급히
전화를 받았다.

"할머니, 무슨 일 있어?"

박순애는 내 말에 대답을 하지는 않고 왜 요새는
전화를 안 하냐고 호통을 했다. 그러더니 대뜸 말했다.

"야, 나는 처녀 시절에 외로웠다. 엄마는 죽었고
오빠는 새언니랑 살았잖아. 대전에서 양주장 생활 한
것도 직장 생활 한 것도 외로웠어. 내가 참 외로웠어."

박순애는 이렇게 말을 마무리했다.

"그래서 너도 외롭겠다 싶었다."

가족 문제나 엄마 문제로 외롭다고 생각한 적이
없다. 화가 나거나 슬프거나 불안한 적은 많았는데,
이 감정들의 밑바닥에는 박순애가 한 말처럼 외로움이
있었다.

집을 나오고 죽고 싶은 날이 너무 많았다. 그런 날은 외로울 때였다. 옆에 사람이 없다고 느낄 때, 살아야 하는 이유가 없어서 공허할 때, 텅 빈 도화지에 오로지 나만 가느다란 사람 모양으로 간신히 존재할 때 그랬다. 토대가 불안해도 있는 것과 없는 것은 다르다. 토대란 가족인데, 나에게는 그 토대가 없었다.

"맞아. 할머니. 그런 거 같아. 고마워. 곧 또 갈게."

"오냐."

눈물이 차올라 길게 통화할 수 없었다. 박순애는 내 목소리가 떨리는 기미를 아는지 바로 전화를 끊었다. 화장실에서 소리 내어 펑펑 울었다.

그날 밤 쉽사리 잠들지 못했다. 박순애하고 나눈 대화가 도화선이 됐다. 왜 이런 감정을 느끼고 살아야 하는지 화가 났다. 나한테 이런 감정을 남긴 엄마에게 화가 났다. 엄마가 죽으면 좋겠다고 엄마에게 문자를 보냈다. 하고 싶어하던 말인데 통쾌하지는 않았다.

그런데 답장이 왔다.

혜미야, 엄마한테 받은 상처 다시 한 번 진심으로 사과할게. 엄마는 손 내밀어 잡고 싶은데. 혜미의 마음이 허락할 때까지 기다리고 있을게. 미안해. 상처 줘서. 나 때문에 혜미 힘들게 한 거니까. 엄마는 지옥 같은 벌을 받고 있어.

답장하지는 않았다. 엄마도 그때 내가 느낀 고통만큼
지옥 같은 벌을 받으며 힘들면 좋겠다고 생각했다.
고통스러운 내 마음을 엄마가 알았으면 했다.

기다리는 사람을 생각했다. 내가 박순애의 이야기를
듣고 이해하기 위해 긴 시간을 기다리고 머물었듯이,
박순애가 내 이야기를 듣고 나서 한참 있다가 내게
외로웠겠다고 이야기했듯이, 내 답장을 기다리는
엄마처럼 기다리는 일은 고통스럽다.

관계가 삐걱거리기 시작하던 순간들을 곱씹어본다.
엄마에 억눌리던 내가 무게를 참지 못하고 나를
드러내면서 관계가 틀어졌다. 그런 순간들은 너무
미묘해 사람들은 미처 알아채지 못하고 달라질 기회를
놓친 채 관계는 파탄난다. 틀어진 순간들을 찬찬히
톺아봐야 회복도 가능한데, 엄마와 나는 둘 다 그렇게
하지 않았다.

대화의 시작은 한쪽이 침묵할 때
싸우던 순간들을 생각했다. 엄마와 나는 미친 듯이

서로 찌르는 말들을 주고받았다. 대화가 안 통한다고
생각했다. 그렇지만 엄마와 나는 제대로 대화한 적이
없었다. 대화가 아니라 기계가 내는 굉음에 가까웠다.

　어느 날 친구가 박완서가 쓴 소설을 읽고 이런 말을
했다. 대화는 둘 다 말을 하는 때가 아니라 둘 중 한
명이 듣고 있거나 멀리 떨어져 있을 때 시작된다.
이야기를 마구 던지지 않고 한쪽이 이야기를 들으며
침묵해야 하는 일이 대화였다.

　박순애의 이야기를 이해하느라 몇 달 동안 녹취록을
붙잡고 있었고, 박순애가 한 말들을 외울 정도로
이야기를 들여다봤다. 그러다가 '나는 박순애를 이해할
수 없다. 박순애로 살아본 적이 없기 때문이다'는 말을
몇 번이나 되뇌었다. '이해할 수 없다'고 단정하다가도,
혹시라도 이해할 수 있을까 싶어 박순애의 말을 곱씹어
보고 끝까지 따라잡으려 애썼다.

　엄마와 나는 그렇지 않았다. 이해하려는 통증에
아파하면서 박순애 이야기를 듣던 나는 정작 엄마를
이해하려 애쓴 적도, 엄마의 이야기를 붙잡은 시간도
없었다. 엄마에 관해서는 질문조차 떠오른 적이 없다.

　어디부터 어긋났는지 톺아봤다. 친구가 한 말처럼
떨어져 있고 서로 말하기를 멈춘 다음이었다. 엄마가

문자에서 내 이름을 부른 사실을 생각했다. 김대성은
《대피소의 문학》에서 누군가의 이름을 부르는 일에
관해서 이렇게 썼다.

누군가의 이름을 부른다는 것은 이쪽으로 오라는 명령만
도 아니며 그쪽으로 가겠다는 의지도 아니다. 그것은
노래와 같아서 내가 그쪽으로 가기도 하고 그쪽이
이곳으로 흘러오기도 한다.

내가 너의 이름을 부른다는 것은 두 사람 사이에 아직
드러나지 않은 길을 발명하는 일이며 두 사람 사이에서
진동하는 힘을 발명하는 일과 다르지 않다.

이름이 없는 대화에는 대명사가 남는다. 엄마는
화가 나면 내 이름을 부르지 않았다. '혜미야'가 아니라
'야, 너, 미친 년, 나가 죽을 년'이라고 소리를 질렀다.
대명사란 대체될 수 없는 고유한 것을 지칭하는 말이
아니다. 대명사 안에는 무엇이건 들어설 수 있다.
엄마가 말하는 단어들은 고유한 나를 가리키지
않는데도 내 이름이 됐다. 인격으로 보지 않는 말들
때문에 힘들었고, 그때마다 두려웠다.

대명사들에게 응답을 해야 했다. 부름—응답보다 명령—복종에 가까운 말들이 오가던 그때, 엄마와 나 사이에 가파른 길이 만들어졌다. 응답하지 않으면 쏟아질 것들이 두려웠다.

위에서 아래로 쏟아질 듯 기울어진 길은 마치 쇠로 만들어진 듯했다. 무엇이든 쓸려 내려올 듯했다. 이름을 부르지 않는 상황은 모든 폭력을 가능하게 했다. 이 폭력을 끊어내려면 대명사로 부르는 말에는 대답하지 말아야 하는 건지도 모르겠다. 그렇지만 상상하지 못했다. 무조건 응답했다. 힘을 가진 존재는 눈빛조차 무섭기 때문이었다. 결국 내가 집을 나갈 때까지 엄마는 내 이름을 부르지 않았다. 엄마는 그렇게 나를 잊었다. 포기했다.

그런데 엄마가 대명사가 아니라 내 이름을 불렀다. 서로 이름을 기억하고 다시 부르기 시작했다. 이 대화의 끝에 무슨 일이 있을지, 엄마와 내가 극적으로 화해하게 될지, 예전처럼 웃으며 지내게 될지, 궁금했다. 그러나 엄마가 아직 무섭고 어색하다. 생각을 돌렸다. 끝이 중요하지 않다고.

대화를 시작한 만큼 엄마와 나는 이제 새로운 관계를 만들어가야 한다. 여기서 중요한 점이 있다. 알고

나서는, 그러니까 새롭게 시작하고 나서는 결코
이전으로 돌아갈 수 없다. 그리고 그 자리에서 새로운
가능성이 피어난다.

하하하,
나는 정반대의
삶을 살았다

버텨,
버텨야 해

이 폭풍 같은 일들이 지나가니 박순애의 집에 가고 싶었다. 박순애의 집은 유일하게 나를 환대하고 쉬게 하는 곳이다. 박순애가 무슨 일 있냐고 심드렁하게 물어봐주기를 바랐다. 그러면 지난번처럼 내 이야기를 마음껏 늘어놓을 수 있을 듯했다.

　일단 차분히 이야기를 하자고 결심했다. 드디어 박순애를 만나 대화할 순간이 왔다. 외로운 삶이지만 살아가야 한다면, 이 고통을 견디면서 어떻게 살아야 하는지를 묻고 싶었다. 박순애를 만나기 전 내가 늘 품고 있던, 꼭 물어보고 싶은 질문이었다.

박순애의 고통은 박순애만 아는 고통

만나기 전이나 만난 지 얼마 안 된 때, 박순애와 내가 연결될 수 있는 지점은 어디인지 고민했다. 만나기 전에는 박순애의 고통을 나누는 일이라고 생각했다.
아니었다. 박순애가 살던 시대를 차분히 읽으면서 느낀
압도감 탓에 박순애의 감정을 공유하며 고통을 나누는
일은 불가능하다고 결론지었다.

고통은 나눌 수 없다. 고통을 나누는 일은 그저 그
고통을 야기한 사회적 폭력과 구조적 폭력에 분노하고
이야기하는 일 하나만을 의미했다. 이 사실을 박순애도
잘 알았다.

고통은 그저 힘든 상태가 아니다. 고통에는 통증에
더해 분노, 억울함, 누군가 죽이고 싶은 마음, 답답함,
무너지는 마음 등이 버무려져 있다. 겪지 못한 채
이야기만 듣는 사람은 결코 그 고통을 이해할 수 없다.
겪지 않아서 박순애의 고통을 나눌 수 없었다. 박순애의
고통은 박순애만의 고통이다.

박순애를 만나기 전 우울증이 한창 심할 때 쓴
일기를 우연히 발견했다. 일기에는 이렇게 쓰여 있었다.

이것보다는 낫겠지라고 생각하던, 나 자신이 초라해지고
아무것도 아니라는, 대체 가능한 사람이라는 사실을
깨닫는 순간들이 있다. 나는 잘할 줄 알았는데, 이렇게
사는 거 내가 바라는 거 아니었는데, 나는 멋지게 살

거라고 생각했는데……. 나락으로 떨어지기 시작하면 걷잡을 수 없게 된다. 사람들은 바닥을 치면 올라온다고 하지만 바닥이 도저히 어디인지 보이지 않는다. 그래서 나중에는 언제까지 추락하나 보자라며 자포자기하는 순간들이 있다.

살아 있는 사람들에 대한 하나의 존경심이 있다. 그 사람이 어떤 삶을 살아왔는지는 알 수 없지만 삶을 견뎌온 그 힘을 존경한다. 그 사람은 살면서 행복했던 날도, 죽고 싶은 날도 있을 테고, 어제보다 더 죽고 싶은 날도 있었을 테다. 힘든 순간을 견뎌온 것, 그 찰나의 순간을 버티게 한 힘을 알고 싶다. 누군가는 남의 고통으로 너의 힘으로 삼으려 하냐고 물을 수도 있겠다. 하지만 찰나의 순간을 버티는 것, 무엇으로 살아야 하는지 알고 싶다.

이쯤 읽다가 멈춰서 한참 연필을 굴리다가 결론을 내렸다. 박순애의 고통을 나누는 일이 아니라 박순애가 삶의 고통을 견뎌낸 힘이 우리를 이어주지 않을까 하는 결론이었다. 삶은 쉬운 일을 허락하지 않는다. 우리는 모두 고통을 겪는 존재다. 물론 고통은 사회적으로 야기되는 면이 강해서 고통을 겪지 않는 사람도 있다.

그러나 고통은 강도만 다를 뿐 감각하기 나름이어서
상대적이다. 누군가는 아무것도 아닌 일이 내게는
커다란 고통으로 다가올 수 있다. 고통에 어떤 태도를
취하는지도 사람마다 다르다. 벗어나려 발버둥치거나
인정한 채 안고 살 수도 있다. 박순애는 어떻게 했을지
궁금했다.

보란 듯이 끝까지 살아내는 일

주말에 박순애 집으로 찾아갔다. 박순애가 들려줄 답이
생각보다 시시하거나 생각보다 거대할까 봐 두려웠다.
이야기를 다 듣고 나서 뭐라고 이야기해야 할지
상상하기도 했다.

늘 그랬듯 박순애는 밥을 먹었냐는 말로 시작했다.
밥을 다 먹고 박순애가 숨을 돌리기도 전에 물어봤다.

"그만 살고 싶다고 생각해본 적 없어, 할머니? 사는
거 너무 힘들잖아, 솔직히."

박순애가 나를 단박에 째려본다.

"야, 생각을 해봐라. 억울한 누명을 쓰고 보안법으로
살았는디 내가 죽어가지고 혼이 부모를 만나게 되어
있어. 만나면 간첩의 이름을 가지고 내가 (상을 탁탁

친다) 아버지 엄마한테 가봐라. 아버지 엄마가 어떻게 생각하겠냐. 간첩 누명을 벗고 죽어야지. 안 그래? 죽고 싶은 마음은 없었어."

잠시 뒤 박순애는 이런 말을 덧붙인다.

"내가 인생 경험을 했는데 사람이 막다른 골목에 다다르면 더 죽기 싫어."

갑자기 치솟은 반발심을 무기 삼아 박순애에게 반박했다.

"그래도 너무 힘들어서 앞이 보이지 않으면 죽고 싶잖아. 난 그랬어."

박순애가 되받아쳤다.

"안 그래. 악착같이 땅 구녕을 뚫어. 살고 싶지 죽고 싶은 마음이 없어. 늙은 노인이 되면 또 죽고 싶은 마음이 없고. 또 (내가 젊어서는) 죽어야겠다고 했잖아. 염세주의자로 자살도 해야겠다, 또 약을 먹어봐야겠다, 어쩌고 하는데 진짜 죽어야 하는 나이가 되면, 늙으면 죽기가 싫어진당께."

그리고 박순애가 말했다.

"버텨, 버텨야 해. 참고 이겨야 해."

또다시 살아도 겁나지 않아

박순애의 말이 끝나자마자 삶은 선택으로 가득차
있다는 문장이 떠올랐다. 그렇지만 삶에서 선택할
수 있는 상황은 별로 없다. 선택할 것이 있는 자들의
언어일 뿐이다. 여성들은 무엇을 선택하거나 주체성을
발휘하는 기회가 남성들보다 제한적일 수밖에 없다.
대개는 휩쓸려 살면서 순간순간 협상하고 말 뿐이다.
박순애도 자기 인생에서 뭔가를 선택한 적이 별로 없다.
다만 휩쓸리며 협상하다가 단 한 가지 선택을 했다.
버티면서 살기로 결정한 선택이다.

　고통을 가져다주는 삶에 복수하는 가장 좋은 방법은
보란 듯이 끝까지 살아내기다. 네가 원하는 대로 죽지
않고 끝까지 살아남은 사람이라고 보여줘야 한다.
박순애는 내가 생각한 복수를 '버틴다'는 행동으로
깔끔하게 정리했다.

　박순애는 온몸으로 알았다. 내 삶을 원망하고
저주하면서도, 내가 하지 않은 선택들 때문에 괴로움을
당하고 있다는 사실을 한탄하면서도, 나를 이렇게
만든 것들에 욕지거리를 퍼부으면서 살더라도, 버티며
살아야 한다는 사실을 말이다. 끝내 내 삶이 아무것도
아니라고 판명 나더라도, 내 삶의 억울함을 결국 풀지

못한다 해도 버텨야 한다. 버티기가 삶의 가장 중요한 태도이자 고통과 고난에 맞서서 자기가 할 수 있는 저항이라는 사실을 박순애는 겪어서 이미 알고 있었다.

흔히 고통을 덜 당하려 노력하거나 고통을 당하면 치유해야 한다고 이야기한다. 그러나 박순애는 고통과 고난을 이야기할 때 치유된다거나 괜찮아진다는 말을 꺼낸 적이 없다. 살아 있기를 선택하고 버티면서 고통과 마찰을 일으키는 쪽이 오히려 고난에서 살아남는 방법이라고 알기 때문이다. 삶을 똑바로 마주하며 고통을 품고 계속 살아서 나아갔다. 박순애의 몸은 고통과 삶을 받아들였다. 그 대가로 삶의 혹독함을 경험했지만, 박순애는 삶을 견디는 힘을 배웠다. 몸에 힘을 쌓아갔다.

그날 저녁 바닥에 누워 박순애에게 물어봤다.

"할머니, 또 태어나서 살라고 하면 살 거야?"

박순애가 대답한다.

"살아. 사는 게 좋지. 이렇게 원통하게 살다가, 고생고생 살았는데 또 좋은 데서 만나봐야지. 일본에서 헤어진 그 남편하고 도로 살라고 해도 살겠다. 또 살 거야, 나는. 한번 죽었는데 염라대왕이 도로 가서 살다오시오 하면 얼른 오지. 대신 똑같은 일은 안 겪는 거야. 노! 그거는 노여. 아이고, 지겨워라 지겨워.
하하하하하하. 정보부 놈들 무섭고."

　박순애의 답은 명확하다. 살 것이다. 박순애는 삶이
고통스럽고 억울하지만 울면서 견뎠고, 버티며 이
삶을 살아왔다. 남들이 겪고 싶지 않아하는 삶이었다.
박순애는 끝내 살아낸 사람이므로 어떤 고통이 덮쳐올
때 그 고통을 직면하고 함께 사는 방법, 그러니까
버티는 힘이 뭔지 누구보다 잘 안다. 자기가 겪은 일을
되풀이하고 싶지 않다는 말이 그 힘을 증명한다. '자기
삶을 부정하기보다 삶의 기술과 지혜로 버티기'가 숱한
고통을 겪고 얻은 귀한 결과물이다. 삶의 비책을 지닌
박순애에게 또다시 삶을 살아내는 일은 두렵지 않다.

　"다시 태어나면 어떤 삶을 살고 싶어?"

　"부유한 가정에 태어나 얌전히 공부 잘해서 피아노도
칠 줄 알고 바이올린도 할 줄 알고, 전문으로는 안 해도
상식 이상으로 할 줄 알고, 하여간 부유한 가정에서
결혼해서 남편도 아주 훌륭한 사람 얻어서 애 둘 낳고
그렇게 살고 싶어."

　설명할 수 없는 고통은 숙명이나 팔자나 운명이
되지만, 그 안에서 뭔가를 끌어낼 수 있게 되면 고통은
힘이 된다. 그런 힘을 아는 박순애는 어떤 삶이든

누구보다 잘 살아낼 수 있다.

그날 밤 몹시도 두려워하던 삶을 생각했다. 아주
살짝 비웃어봤다. 왠지 모르게 삶의 무서움이 조금
줄어든 느낌이었다. 비웃을 수 있는 이유는 박순애가
말한 이야기 덕분이다. 박순애가 살아온 어느 하루를
떠올렸다. 눈물이 나고 화가 나고 억울하고 내 인생이
불쌍하다고 이야기하면서 저녁에 잠이 들고 아침에
다시 일어나는 박순애. 일어나 마주하는 하루를 버티고
또 그다음 날을 버티며 끝내 살아오고야 만 박순애.

"버텨, 버텨야 해."

그 말만 귀를 맴돌았다.

들으면
써야 해

박순애를 만나고 어떻게 글을 써야 할지 몰랐다.
잠깐 글쓰기 수업을 받았다. 내 이야기를 듣던 강사는
'말빚'이라는 말을 했다. 들으면 쓸 수밖에 없다. 그런데
말빚은 박순애의 생애사를 듣고 써도 털어지지 않는다.
이제는 텔레비전을 보다가 조작 간첩 사건이 법원에서
무죄 판결을 받은 소식을 전하는 뉴스를 보면 채널을
돌리지 못한다. 사건이 해결된 과정까지 들어야 마음이
놓인다. 빨갱이, 간첩, 고문, 감옥이라는 말을 들으면
박순애를 떠올리고 움찔거린다.

이 움찔거림의 감각은 질문한다. 네가 서 있는 곳은
어떠니? 박순애 이야기에 울고 웃고 화도 내지만,
아직 안전하다. 안전이 존재하려면 위험이 있어야
한다. 국가는 안전을 명분으로 내세워 위험인물들을
만들어내고, 벽으로 가로막은 뒤 당신들의 안전을
위해 열심히 할 일을 하고 있다고 선전한다. 박순애

시대의 안전은 국가가 위험한 빨갱이를 만들어내고
추방하면서 유지됐다. 지금 시대에 내가 느끼는 안전은
어떻게 가능하며, 국가는 어떤 사람을 위험인물로
낙인찍고 단속하고 추방하고 있을까.

박순애가 남긴 말빚 덕분에 나는 듣는 사람에서
벗어나 생각하는 사람이 됐다. 들려오는 내용을 귀를
쫑긋 세우고 의심한다. 박순애를 만나 이야기한 덕분에
국가, 안전, 잔혹한 시대를 다시 생각했다. 박순애가 내
어깨 위에 올린 말빚의 핵심이다. 듣고 나면 결코 듣기
전으로 돌아갈 수 없다. 들었는데도 모른다고 말하는
사람이 있다면 거짓말이다.

할머니 인생 시끄러웠다

긴 이야기가 끝났다. 저녁이었다. 밖에는 차 소리만
들렸다. 박순애는 이야기만큼 긴 한숨을 토해냈다.
박순애의 몸을 쓰다듬었다. 자기에게 주어진 일을
받아내고 시간을 통과해온 몸이었다. 시간을 받아들인
몸에는 자글자글한 주름이 있고, 피부는 늘어졌다.
침대에 착 달라붙어 있는 박순애의 팔을 들었다 났다
장난을 쳤다.

흰 비니를 쓰고 두꺼운 검정색 파카를 입고서 환하게 웃는 박순애.

"할머니, 고독하게 살고 싶다고 했잖아. 근데 할머니 인생 되게 시끄러웠다."

박순애가 킬킬댄다.

"하하하, 정반대 삶을 살았다. 나는 고독한 것을 원했어."

텔레비전에서 본 캄보디아가 참 아름답더라고 이야기했다. 아주 푸르고 새파란 물이 흐르는 집이 있는 나라라고 했다.

"내가 10년만 젊어도 캄보디아에도 베트남에도 가보는 건데. 티브이로 보니까 그 집이 참 예쁘더라고. 나도 그런 곳에서 살고 싶어."

박순애는 눈을 끔뻑거렸다. 웅얼거린다.

"내가 나이가 좀만 더 적었어도……."

삶의 다채로움이라는 단어가 떠올랐다. 우리는 여러 경로를 통해 삶의 다채로움을 느낀다. 자기가 지닌 역량을 펼칠 수 있는 기회를 만나 꿈을 실현하기도 하고, 아름다움을 보며 감탄도 하고, 경이로운 순간을 통해 신의 존재도 느낀다. 이 순간들 덕분에 삶은 살 만하다고 느낀다.

삶에는 많은 것들이 있다. 꽃도 있고, 흙도 있고, 나무도 있고, 햇살도 있다. 우리는 따스한 경험을 통해 삶의 다채로움을 느끼며 상상력도 기르고, 삶을 향한 낙관 속에서 앞으로 나아갈 힘을 키운다.

그런데 폭력은 삶을 살아감, 살아냄, 먹고사는 일이라는 생존의 문제로 압축한다. 인간은 여러가지 활동을 통해 삶의 풍부함을 느끼는데, 폭력은 그런 활동을 모두 차단한다.

박순애는 먹고사는 생존에만 집중하게 하는 가난과 간첩이라는 오명 때문에 자기 삶을 제대로 기획하지 못했고, 앞으로 나아가지 못했다. 오로지 제자리에서 살아남기가 목표였다.

국가 배상으로, 돈으로 절대 내 인생은 보상되지 않는다는 말은 이 모든 설명을 압축한다. 국가는 조작 간첩으로 만든 사실과 물리적이고 가시적인 폭력만 사과했다. 박순애가 누릴 수 있던 삶의 기회와 삶의 풍부함을 느낄 권리를 빼앗아간 일은 사과하지 않았다.

박순애는 한국 최초 여성 변호사가 될 수 있었다. 캄보디아에 집을 짓고 살 수도 있었다. 그런데 무죄를 증명하느라 인생을 다 썼고, 자기 역량을 실현할 수도 없어 누워 있는 일 말고는 다른 여지가 없는 아흔 살이 됐다. 아프고 너무 늙어버렸다. 다시 시작할 수가 없다. 얼마 전에는 계단을 구르는 바람에 온몸이 망가졌다.

몸이 나으면 제주도에 가기로 박순애랑 약속을 했다. 가난 때문에 무죄 판결을 받은 뒤에 한 드라이브가 유일한 여행이라는 박순애의 인생에 작은 풍요를 안기고 싶었다. 끝까지 버티니 좋은 일도 있다는 사실을 알려주고 싶었다. 제주도에는 조작 간첩 피해 생존자가 지은 '수상한 집'이 있다. 수상한 집에서는 박순애를 환영할 듯하다.

집으로 돌아갈 수도 있는 길

너무 괴로우면 기억을 잃는다. 이상하게 집에서 벌어진 일을 잘 기억하지 못했다. 약을 먹지 않고는 버틸 수 없어서 정신건강의학과를 다녔다. 의사가 집 이야기를 물을 때마다 '모르겠다'와 '기억이 안 난다'를 반복했다. 분명 집에서 괴로운 일이 있었는데 안간힘을 써도 제대로 기억이 나지 않았다. 엄마를 향한 불타오르는 감정과 엄마에게 맞던 일들이 간신히 기억날 뿐이었다. 고작 이 기억만 갖고도 너무나 괴로웠다. 이 기억들도 다 사라지기를 바랐다.

이 기억들은 사라지지 않고 꿈에도 나타났다. 나는 항상 엄마로 보이는 커다란 그림자에 압도돼 있었다.

그림자에서 도망치려 안간힘을 쓰지만 도망치지 못하고
울기만 했다. 웅크리고 앉아 그림자가 사라지기만을
빌었다. 이 꿈은 내가 구석에서 웅크리다 깨면서 끝이
났다. 꿈이 계속 되니 잠이 두려워지는 날들이 많았고,
수면제 양도 늘어갔다.

　정신을 차리지 못하면서 사소한 일에도 예민해졌고,
일상생활도 인간관계도 자꾸 무너졌다. 괴로운 일들을
겪은 기억이 사라지지 않아 괴로웠다. 냄새나 풍경에
관련된 단어 같은 것만 들어도 기억은 되살아나 나를
잔인하게 끊임없이 괴롭혔다.

　이 기억들은 타인의 고통에 관심을 가지게 했다.
집을 아예 나온 20대 초반부터 글을 쓰기 시작했는데,
모멸감, 당황, 거부, 분노, 우울증 등을 쓰는 일이라
너무 쉬웠다. 모든 글쓰기는 상처에서 비롯된다고
믿어서 그때는 글이 그냥 쓰여졌다. 글을 쓰느라 상처를
들추고 붙잡고 허우적대며 우는 날이 많아 힘들었다.
시간이 지나고 상처를 직시할 힘이 생기면서 아픔이
주는 배움을 쓰기도 했다. 자기 연민에서 조금 벗어날
때 상처를 차곡차곡 모은 글을 사람들에게 보여줬다.

　그즈음이었다. 내가 타인의 고통에 관심을 갖게
된 때가. 집을 나와 일하면서 장애인, 빈민, 노동자로

사는 사람들의 상처를 잠깐 들을 수 있었다. 그 사람들 이야기에 끌렸다. 이제껏 한 번도 겪어본 적 없고 들어보지 못한 이야기였다. 주름진 얼굴이 가슴속에 남았고, 이야기에 생각이 머물렀다. 왜 이 세계는 잘게 쪼개져 있는지, 어떤 세계는 보이지 않도록 잘 가려져 있는지 궁금했다. 들리지 않는 가려진 세계에 사는 사람들의 상처와 이야기를 기록하고 싶었다. 그 이야기에 감정적으로 잘 반응하기도 하기 때문에 기록이 어렵지 않겠다고 생각했다. 첫 작업이 조작 간첩 박순애의 이야기를 듣는 일이었다.

다시 질문으로 돌아간다. 박순애를 만나고서 나는 기억이 왜 생기는지 알 듯했다. 기억을 통해 타인의 고통을 이해할 수 있다. 아픈 기억을 열심히 극복한 사람이 되라는 말이 아니라 네 기억을 거쳐 타인을 이해하라는 뜻이다. 그 사람이 어떤 심정으로, 어떤 절박함으로 그 바닥을 무릎으로 기어다닌지 생각하라는, 너도 그러지 않았냐는. 내가 가진 기억들 덕분에 박순애하고 이야기를 나누고, 마음 한 줄 정도는 이해할 수 있었다. 이 기억들 덕분에 엄마하고 이야기를 시작할 수 있었다.

기억을 통해 타인의 고통을 알게 되면서 인간의

취약성을 생각했다. 어떤 학자는 고통이 인간 정신의
위대함을 드러낸다고 말했다. 처음에는 그 말을 듣고
고개를 끄덕였다. 지금은 그렇지 않다. 고통은 인간의
취약성을 적나라하게 드러낸다. 고통에 속절없이
무너지는 인간 앞에서 사람들은 비명을 지르고 죽기도
한다. 그런데 이 취약성은 인간을 연결시킨다. 박순애가
내 외로움을 알아차리고 내가 박순애의 이야기에
다가가듯, 곁에 있는 사람을 다시 쳐다보게 한다.

이 연결된 이 취약은 어떻게 해결되는가. 스스로
강해지거나 극복할 때 해결되지 않는다. 다른 사람한테
의존하거나 관계를 맺을 때 취약은 해결된다. 그 순간
고통은 의미를 찾고, 고통이 주는 지독한 외로움은
옅어진다. 인간은 같이 살 수밖에 없다. 기억은 사람을
같이 살게 만든다.

그 뒤 엄마와 나는 어떻게 된 걸까 궁금할지도
모르겠다. 엄마를 이해하고, 극적 화해를 하고,
부둥켜안고 우는 일은 생기지 않았다. 안부 문자만 몇
번 주고받았다. 엄마에 관한 생각은 아직도 복잡하다.
달라진 점이 있다면 방향이다. 절대 집으로 돌아가지
않겠다고 생각했지만, 이제 그렇지 않다. 지금까지 집을
등지고 언덕을 내려왔다면 이제는 방향을 돌려 집을

쳐다볼 수 있게 됐다. 집으로 향할지는 잘 모르겠다. 돌아간다면 나온 길만큼 험할 듯하다.

집에 관한 이야기

모든 것은 집에서 시작된다. 박순애하고 나는 집에서
만나 이야기했다. 내 모든 이야기도 집에서 시작됐다.
이 이야기에 나오는 친구도 집에서 만나 집에서 대화를
시작했다. 집에 관한 이야기를 이 책에 담으려 했다.

"너무 무섭고 컸어. 감옥 같았어."

친구는 자기가 기억하는 최초의 집을 설명했다. 혼자
가방을 메고 시설 정문 앞에 선 때를 기억하며 이렇게
말했다. 어릴 때부터 장애인 거주 시설을 전전했다.
낮에는 자기보다 장애 지원 정도가 덜한 사람들을
보살펴야 했고, 밤에는 나무로 된 바닥에 누워서 잤다.
밤에는 쓸쓸함과 외로움이 밀려왔다고 했다.

친구는 물었다.

"혜미, 근데 너도 밤에 쓸쓸하지 않았어? 나는 진짜
외로웠어. 살고 싶지 않아서 죽을 생각도 여러 번 했어."

그 지옥에서 가장 버티기 어려운 일은 다른 시설로

이사 가기였다. 인생이 바뀌는 순간이기 때문이었다. 그 시설에 어떤 사람이 살고 있을지, 앞으로 누구하고 어떤 생활을 해야 할지 알 수 없었다.

"전학도 가야 하고, 내가 알던 사람들하고 연락이 다 끊기잖아. 그래서 불안하고 두려웠어."

그 터전을 지옥이라 부르기도 하고 고향이라 이야기하기도 한다. 저주도 하고 그리워하기도 한다. 남들이 그곳을 뭐라 부르건 남들에게 어떤 느낌으로 다다가건, 터전은 나를 지탱한다. 터전을 떠나면 누구나 흔들린다. 혼란은 더 거세진다. 박순애도 나도 친구도 모두 그랬다.

혼란, 두려움, 좌절감을 마주하는 나약한 순간마다 극복하는 방법은 사람마다 다르다. 박순애는 버텨야 한다고 말했다. 친구도 비슷했다. 친구도 버티면서 다짐할 뿐이었다.

"버텨야 한다고 생각했어. 그래서 스물세 살이 되면 목숨을 걸고라도 무조건 시설에서 나와야 한다고 생각했어. 그때면 돈도 좀 벌고 경력도 좀 쌓이고 할 테니까."

인생은 외롭지만 혼자여서는 안 된다

친구는 시설에서 나오면 자유롭고 행복해질 수 있다고 생각했다. 그렇지만 다른 일이 기다렸다. 박순애가 '행복한 우리 집'을 나오고 내가 너무나 빠져나오고 싶어하던 집을 나오자, 모든 것이 송두리째 변하기 시작했다.

친구의 지옥도 그렇게 나오고 나서 변하기 시작했다. 친구는 맨몸으로 이 사회에 던져졌다. 가장 힘든 일은 무엇을 어떻게 해야 할지 모른다는 현실이었다.

"냉장고를 어디서 사야 할지 몰랐어. 하이마트에 가서 혼자 직접 다 샀어. 전기 요금을 어떻게 내야 할지도 몰랐어."

그다음 힘든 일은 사람이었다. 시설에서 친하게 지낸 친구들이 연락을 더는 받지 않았다. 시설 선생님들도 통장만 주고는 혼자 잘 살아보라고 비웃듯이 말했다. 친구는 그 순간들을 차곡차곡 기억했다.

"왜 사는지 모르겠다고 늘 생각했어. 지옥 같았어."

그 뒤로 삶이 너무 버거운지 친구는 자주 마음과 몸이 아팠고, 입원과 퇴원을 반복했다. 그 친구가 또 한 번 힘을 내서 살아가려 할 때, 나는 그 친구가 살 집을 구하러 여기저기 뛰어다녔다. 여러 이유를 들면서 집주인들은 집을 내주려 하지 않았다. 장애인이라서, 돈 없는 기초 생활 수급자라서, 월세가 밀릴까 봐 그랬다. 처음에는 화가 났는데, 나중에는 서러웠다. 슬퍼할 겨를도 없었다. 집을 구해야 친구가 병원에서 나올 수 있기 때문이었다. 부동산에 전화할 때마다 인생은 원래 외롭고 혼자라고 말을 하는 사람들은 누군가에게 기대거나 그 사이에서 살지 못해서 그렇게 말했을까. 혼자서 삶을 어떻게 꾸려왔을까. 외롭진 않았을까.

상황을 숨기지도 드러내지도 않은 채 여러 사람이 도와줘서 겨우 집을 구했다. 한 사람이 삶을 살려면 이렇게 많은 사람이 힘을 합쳐야 겨우 살아갈 꼴을 갖출 수 있었다.

"지금은 어때?"

친구가 대답했다.

"좋아."

"그때는 죽고 싶었잖아. 근데 지금은 왜 사는 거 같아?"

친구가 말했다.

"왜 사는지 모르겠어. 하지만 살아야겠다는 생각이 들어. 어떤 계기 같은 게 있지는 않았어."

죽고 싶은 순간이 한번에 오지 않고 차곡차곡 쌓이듯

살고 싶은 순간도 한번에 오지 않았다. 불꽃같은 계기는 없었다. 차근차근 겪어가며 어쩌면 나도 살 수 있겠구나 하는 생각이 친구의 마음속에 스며들었고, 싹을 틔웠다. 이 마음은 언젠가 무너질 수 있지만 한번 싹을 틔우면 쉽게 사라지지 않는다. 예전의 나라면 친구가 한 대답을 쉽게 이해하지 못했다. 그렇지만 지금은 박순애가 알려주고 나도 겪은 뒤라 조금은 알 듯하다.

삶이 주는 고통에 저항하는 길

늘 언어가 담을 수 없는 삶이 어떤 건지 궁금했다. 그 궁금증은 왜 사느냐는 질문에 집중됐다. 내 질문에 누군가는 이유를 찾고 누군가는 쓸데없이 이유를 찾지 말라고 한다. 그러나 그런 질문을 해야 비로소 잠시라도 인간이 되고 삶을 직면한다고 생각한다. 삶을 직면하기 시작하면서 한번 시작된 질문은 멈출 줄 몰랐다. 질문이 멈추지 않는다는 말은 대화에 실패하고 있다는 뜻이기도 했다. 결국 이 기록도 이런 실패의 기록이다. 어느 날은 글을 쓸 수 없어서 좌절했고, 어느 날은 잘 쓰여서 고민했다. 그래서 기록이 더뎌졌다.

정답을 듣지 않고 대답을 듣기 원한 탓이었다.

박순애는 얼마 전에 만났지만, 이 말들을 토해내기 위해 지나온 시간들은 더 길었다. 20대 중반에는 나를 괴롭히며 터져 나오는 것들을 정리할 수 없어서 매일 울었다. 20대 후반에는 박순애와 여러 사람들을 만나 질문하고 답을 들었다. 서른 살인 지금은 더 많은 이야기를 듣고 싶다. 더 많은 질문들을 만나고 더 많은 의문을 품는 일을 두려워하지 않게 됐다.

어떤 문장들이 있다. '버텨, 버텨야 해', '살아야 해'라는 말들. 쉽게 포기하게 되고 살아 있는 것이 분명 저주에 가깝다는, 삶의 '교훈'을 반박하는 말들. 저 말들을 처음 듣고, 나는 저 사람이 낙관주의자이거나 제정신이 아니라고 생각했다. 그런데 이제는 조금 알 듯하다. 저렇게 말하게 되기까지 겪은 고통의 이야기가 있다는 말이다. 비록 한 문장이지만, 저 짧은 문장 안에는 그 사람의 삶이 있다. 그래서 이제는 궁금하다. 저 문장 안에서 그 사람이 가진 이야기와 시간들이, 그 문장을 뒷받침하고 있는 말들이.

이 책은 외롭고 우울하고 보듬고 싶고 울고 싶고 화가 나고 참을 수 없어서 썼다. 이 말들을 쏟아내고 싶어서 이 책은 쓰여져야 했다. 박순애를 만나려고 이제까지 버텨온 듯했다. 박순애를 만나 온 힘을 다해 이야기를 들었다. 이 책을 읽는 사람들에게 같은 부탁을 하고 싶다. 온 마음을 다해서 박순애가 견뎌낸 삶과 박순애를 기억해주기를 바란다.

힘든 시기를 겪는 사람들 손에 이 이야기가 닿아 살아 있다는 현실 자체가 삶이 주는 고통에 저항하는 길이라는 사실을 발견하면 좋겠다. 다쳐야 그 피를 머금고 새살이 돋듯 이 책을 읽고서 앓고 아파하기를 바란다.

마지막으로 이 모든 과정이 당신의 세계를 확장할 수 있기를 바란다. 박순애와 당신이 살아온 삶의 간극을 느낀다면, 당신 세계의 경계 너머 시야 밖에 살고 있는 사람들의 구체적인 삶에 연결되는 월경이 시작되는 데 이 기록이 디딤돌이 되리라 생각한다.